さらに進んだ
スピーチ・プレゼンのための
日本語発音練習帳

中川千恵子・中村則子・許舜貞

ひつじ書房

まえがき

　本書は、中上級から超級の日本語学習者が、プレゼンテーションなど、主にフォーマルな場面で、聞き手にとって聞きやすく、そして分かりやすい発音で話せるようになることを目的とする発音練習用教材です。

　日本語レベルが進むにつれて、発音をもう少しなんとかしたいと考える学習者や、そうした学習者をなんとか支援したいと考える教師は少なくありません。指導書もまだまだ少なく、やり方が分からないため、挫折してしまう場合も多いでしょう。本書は、そうした学習者にとって学習可能であるとともに、教師にとっても指導可能な発音学習を目指しています。単音も重要ですが、長い発話では、イントネーションが聞き手の理解や聞きやすさに影響すると考えて、本書では、イントネーションに焦点を置いた練習を、視覚的な助けも借りて行います。

　言葉は総合的なものであり、発音はその一つの要素です。本書で学んだ発音が、学習者の日本語を豊かにし、人と理解しあい、よりよい関係を結ぶのに役立ったなら、これほどうれしいことはありません。

　早稲田大学日本語教育研究センターでは、2000年度から「発音」コースを開設し、本書の内容で上級学習者に発音指導を行ってきました。はじめの数年は1名が担当していましたが、履修を希望する学習者が増えたため、クラス数を増設することになり、複数の教師が担当することになりました。そこで、執筆者に2名が加わり、2005年度からは、簡易製本版を授業で使用するようになりました。いろいろな方にご意見をいただいたり、実践研究を行ったり、学習者の様子などを見ながら半年ごとに改訂を重ねました。出版したいと考えていたところ、ひつじ書房の松本さんが声をかけてくださったおかげで、出版できることになりました。

　機会を与え、支えてくださった早稲田大学事務所の方々、これまで、貴重なご意見をくださった教師の方々、熱心に学び、さまざまな要望や意見を出してくれた学習者の皆さんのお陰でここまでたどり着くことができました。心より感謝するとともに、今後もさらに、発音指導について考え続けていくことをお約束したいと思います。

　なお、本書でCDというのは、DVD-ROMの中のフォルダ名であることをお断りします。DVD-ROMのほうがPCで使いやすく、自分で加工することもできます。また、巻末にある「DVD-ROMの使い方」を見てくだされば、音楽用CDを作ることも、簡単にできると思います。

重版に際して

　第1版が出てから4年近く経ちました。その間に状況が少し変化したように思います。さまざまな発音テキストが出版されたことがひとつです。学習者も教師もいろいろな方法や教材を選ぶことができるというのは喜ばしいことです。また、この本で取り上げたイントネーション・カーブの視覚化が、他の教材でも見られるようになってきました。4年前にこの本が出版されたことが、発音学習の環境改善に少しは貢献できているのかもしれないと勇気づけられました。

　アクセント辞書をうまく使うというのが、学習者にとっても教師にとっても大きな課題ですが、インターネットで用言の活用形を調べて音声を聞けるサイト（オンライン日本語アクセント辞書：通称OJAD）ができたことは、大きな変化です。OJADのツールのひとつである韻律読み上げチュータ'スズキクン'は、文章を入れると自動的にアクセントやイントネーション・カーブを付与してくれる大変便利な機能です。スズキクンは機械ですから、データ次第で誤りもありますが、95％以上と、非常に精度が高いツールです。スズキクンと協力して、あるいは、スズキクンと競いあって学習を進めるというような新しい形の学習も考えられます。「さらに進んだ」学習法・指導法が生まれることを期待しています。

このテキストの特長
1.「へ」の字型イントネーションに焦点を置いたフレージング練習

聞きやすく分かりやすい発音のためには、小さい単位である単音の習得も大切ですが、もっと大きい単位であるアクセントやイントネーションやリズムなどのプロソディーが重要です。日本語イントネーションの特徴は、「へ」の字型（p. 5 **コラム1**参照）であるといえます。このイントネーションには、意味と関係した適切な句切りおよびアクセントが重要です。これを実現することをフレージング（p. 7参照）とこの本では呼びます。

2. 視覚的確認

句切りやアクセントや「へ」の字型イントネーションを確認するためには、耳だけでなく、目で見て確認することが役立つでしょう。人によっては耳で確認しにくい人もいます。そこで、この本では、アクセント記号、句切り記号、声の高さを曲線で示したピッチカーブというものを提示します。目で見て、耳で聞いて、声に出して学んでください。そして意識化してください。

テキストの目標

このテキストは、聞き手にとって聞きやすくわかりやすい発音の習得を目標とします。主に人前での口頭発表やプレゼンテーションなどのフォーマルな場面で必要な発音について学びます。発音の勉強というと、美しい発音や日本人と同じような発音ということを目標だと考える人もいるかもしれません。それもひとつの目標と言えるでしょうが、このテキストではそれだけを唯一の目標とは考えていません。

一方的に伝えているように見える口頭発表やプレゼンテーションも聞き手があるからこそ成立するのです。その意味でモノローグである口頭発表も聞き手との「**対話**」の一部であると考えられます。聞き手は、直接的であろうとなかろうと、口頭発表を聞いて反応します。話し手の投げたボールを聞き手が受け止め、消化して投げ返す。両者のやりとりがなくては、コミュニケーションは成り立ちません。ですから、聞き手にとって聞きやすく分かりやすい発音である必要があるのです。そして聞き手の訓練も重要となるでしょう。教室活動はそうした参加者全体の**協働作業**です。このテキストは一人で学ぶのではなく、協働的にクラス活動を行っていくための手がかりとなるように作られています。

頭に入れておいてほしいこと

1. 発音の焦点化と意識化
　テキストを使って勉強する時間は短いです。効率的に学習するには、問題点を焦点化して、意識化することが必要です。これからは、日常的に話すときも意識的に聞いたり話したりするようにしましょう。学習は始まったばかりです。

2. 問題発見解決能力育成
　テキストの項目が発音に関する全ての問題点をカバーしているわけではありません。現実には疑問や問題は常に起こります。学習者も教師も問題にぶつかったとき、どうすればよいのか考えて対応できるようになること、つまり、自律した問題発見解決能力を身につけることが大切です。

3. 進歩を信じること
　発音練習を意識的に行えば必ず進歩はあります。自分を信じてください。しかし、進度は人によって違います。ある人は単音の発音はきれいだがアクセントは苦手だったり、ある人はアクセントは得意なのに単音の発音は苦手だったりします。このように、人はそれぞれ得意分野や苦手分野が違うこともあります。進歩が見えないと思っても、内在していてあとで進歩が見えたり、今練習しているポイントではないところで進歩していると気付くこともあります。あきらめないことが大切です。

4. 現実との差異、発音のバリエーション
　実際の日本人の発音には、それが東京出身の人であってもさまざまなバリエーションが見られます。このテキストでは、アクセント辞典を拠りどころのひとつとして、できるだけ標準的な発音を紹介していますが、そのようなバリエーションを排除せず、むしろ積極的に取り入れています。アクセント辞典や教師が絶対的なものではありません。実際の場面において自律的に対応できるようになるために、さまざまな音声に触れたほうがいいでしょう。アクセント辞典やここで得た知識を手がかりにしながら、いろいろな日本人や友人の話し方を聞いて、自分なりの発音をつかんでいってほしいと思います。

学習者の方へ

　発音なんて二の次、あるいは発音の勉強なんて無意味であると考える人もいるでしょう。しかし、よく考えてみると、人は声という道具を媒介物として使い、相手に働きかけるのです。その道具を使いこなすこと、つまり、発音の練習は大切なことだと言えます。

　アメリカの心理学者であるマズローという人は、人間の基本的欲求を①生理的欲求（食物摂取、飲用、性行為）②安全の欲求（安全、安定、依存、保護、恐怖・不安・混乱からの自由）③所属と愛の欲求 ④承認の欲求（他者からの高い評価、自尊心）⑤自己実現の欲求の5段階の階層として説明しています。ほしいものが手に入ればいいというのは①の生理的欲求に当たります。コミュニケーションの場においてスムーズにコミュニケーションが進まない場合がありますが、そのときは、②の欲求が損なわれるといえるでしょう。とにかく最終的に伝えられればいいという考えもありますが、その際、感じなくてもいいストレスを感じることになってしまいます。筆者自身、フランスに滞在したとき、"fromage blanc"（フロマージュ・ブラン：ナチュラルチーズの一種）と言ったつもりなのに、発音が悪くて伝わらず、家に帰って布団を被って寝たくなるような気分になったことがあります。気を取り直して、その次のとき、"Je voudrais du fromage blanc."という文で言ってみました。そのときは、分かってもらえてほっとしました。なぜ分かってもらえたのでしょう。初めの場合は、私にとって苦手な音である"r"や"l"や鼻母音が入っているので自信がもてませんでした。しかし2度目の場合は、単語より文レベルのほうが難しくないような気がして、文全体のイントネーションを真似してみたことがよかったようです。また、どうしても伝えたいと思ったこともよかったのでしょう。この話は学習者たちが初級レベルにおいてよく遭遇するコミュニケーションにおける発音の問題で、①生理的欲求と②安全の欲求が満たされない恐れがあったエピソードです。

　上級レベルになると、文法的な間違いなどは少なくなります。しかし、このレベルの問題としては、すばらしい内容の話なのに、発音が悪くて伝わりにくかったり、せっかくの内容がたいしたことを言っていないように聞こえたりする場合があります。それに気づいた場合、発音の勉強をするのは、④や⑤の欲求（承認の欲求、自己実現の欲求）を満たしたいからと言えます。

　もうひとつ、クラスメートと協力して協働学習を行うということで、③の欲求（所属と愛の欲求）を満たすこともできるでしょう。つまり、クラスで**協働作業**を行い、相互に助け合い、影響し合って学習を進めていく過程で、よい人間関係を築くことが学習のひとつの目標ではないでしょうか。

いやいや発音の勉強を始めた人も、やりたくてたまらない、もっと上のレベルになりたいと思っている人も、「ちょっと苦しいけれど上ってみたら爽快感を感じることができる」「できないところを否定的に見るのではなく、できるところを伸ばして、自分が誇らしく思えるようになる」「クラス活動や学習を通して、人とよい関係を築くことができる」そうした目的のためにこのテキストが役に立てば幸いです。

テキストの構成

　テキストは、二部で構成されています。第一部は基礎編で、第二部は長文のフレージング練習です。また、ユニットの中にある問題の答えは、解説と共に各ユニットの終わりにつけました。適宜参照してください。口頭発表に向けての作業に関する指示もユニット内に提示してあります。

　付録は、**簡単辞書**です。形容詞、動詞、助数詞などのアクセント表及び人名のアクセントを載せました。アクセント辞典で動詞や形容詞の活用形を調べるのはなかなか面倒ですが、この表を使えば簡単に調べられますので、是非活用してください。

　このテキストの構成をフローチャートにまとめました。

```
第一部
[基礎編] ユニット 1～12
アクセント規則とフレージング基本の学習
各ユニットの構成：①復習　②新しい知識　③簡単なフレージング練習
口頭発表へ向けて：ユニット中に手順説明
-----------------------------------------
第二部
[フレージング練習] 1～18
時間に応じて長文フレージング練習、または、自己紹介、スピーチなどの発表
```

↕

```
付録　簡単辞書
動詞・形容詞の活用のアクセント
助数詞・人名・複合名詞・接続詞・副詞のアクセント
```

コラムについて

　コラムは重要なポイントが書かれているので、必ず目を通すようにしてください。

目次

このテキストの特長 ·· i
テキストの目標 ··· i
頭に入れておいてほしいこと ··· ii
学習者の方へ ·· iii
テキストの構成 ·· iv

第一部
基礎編

ユニット 1　イントロダクション　聞いてみよう ···························· 2
ユニット 2　フレージング（1）句切り　山と丘 ······························ 6
ユニット 3　フレージング（2）アクセント ··································· 14
ユニット 4　フレージング（3）まとめ ·· 23
ユニット 5　複合名詞・複合助詞のアクセント ······························· 31
ユニット 6　自己紹介発表会・口頭発表のために ···························· 37
ユニット 7　動詞のアクセント（1）··· 43
ユニット 8　動詞のアクセント（2）··· 52
ユニット 9　外来語のアクセント ··· 59
ユニット 10　イ形容詞のアクセント ··· 65
ユニット 11　数字のアクセント ·· 73
ユニット 12　口頭発表会 ··· 78

ちょっとお仕事しましょう

（1）―ハンバーガーショップの店員さん― ································· 30
（2）―機内アナウンス― ·· 36
（3）―観光ガイド― ·· 42
（4）―ホテルのフロント― ··· 58
（5）―ホテルのフロント（続き）― ·· 72
（6）―車内アナウンス― ·· 77

第二部
フレージング練習

　　　　　　　　　　　　　　　　　　　　　　　　練習…解答例

1. 日本に来てから ··· 80······105
2. 満員電車 ··· 81······108
3. 「年齢は頭の若さで測る」を読んで（前半） ········ 82······109
4. 「年齢は頭の若さで測る」を読んで（後半） ········ 83······110
5. 学級崩壊についてのテレビを見て（前半） ········ 84······111
6. 学級崩壊についてのテレビを見て（後半） ········ 85······112
7. 足の汗拭きシートについて（前半） ·················· 86······113
8. 足の汗拭きシートについて（後半） ·················· 87······114
9. 「ニート」について ···································· 88······115
10. 選挙のこと（前半） ···································· 89······116
11. 選挙のこと（後半） ···································· 90······117
12. ゴミのリサイクル（グラフ説明） ····················· 91······118
13. フード・マイレージ（前半） ························· 93······119
14. フード・マイレージ（後半） ························· 94······120
15. 第一印象について ······································ 95······121
16. 面接の自己アピール（就職試験） ····················· 98······123
17. プレゼンテーション ···································· 100······125
18. 会話　フィラー、相づちの入れ方 ···················· 102······126

ユニット 6　スピーチについて ····························· 128

参考とした文献リスト ·· 129

コラム

コラム 1	「へ」の字型イントネーション	5
コラム 2	句頭の上昇	8
コラム 3	特殊拍：長音　撥音　促音	15
コラム 4	尾高型名詞＋の	18
コラム 5	にほん（に）、にほんご、にほんじん	19
コラム 6	日本語のアクセントとイントネーション	21
コラム 7	ダウンステップ	24
コラム 8	「～たいです」のアクセント	29
コラム 9	動詞のアクセント	44
コラム 10	「人」のアクセント	51
コラム 11	フット	54
コラム 12	母音の無声化	60
コラム 13	専門家アクセント	61
コラム 14	イ形容詞アクセントの規範的なルールと簡単なルール	68
コラム 15	「きのう」と「きのうは」	71
コラム 16	「～ごろ」「～ぐらい」	75

　第二部のかなりの部分および第一部の長文練習の原稿は、早稲田大学、東京外国語大学、東京大学の留学生の皆さんの協力で作られたものです。また、マークの描きかたに関しても技術的に助けてもらいました。ここに記して、深く感謝いたします。
　カイ、キム・チョロン、キム・ジュンホ、ジョン・ヒョンギ、豊田ナタリー、ハイニー・ヤン、ラム・パトリック、李エイセイ、李ペイサン、盧洪偉、ワン・ファイニン
　（五十音順・敬称略）

第一部
基礎編

　このテキストでは、スピーチや口頭発表のためのわかりやすい発音を目標に練習します。まず、句切り・アクセント・イントネーションに関する基本的知識を学習しながら、スピーチモデルである「日本に来てから」や短い文章で練習をします。次の段階として、「自己紹介文」や「口頭発表原稿」を自分で書いて、発音練習をします。今までに使用した原稿でも構いませんが、内容が伝わりやすい原稿になっているかどうか、読みやすい文かどうかなどをもう一度考えてみてください。どんなにきれいな発音も内容が伴わなければ意味がありません。そして、内容がよくても発音のせいで伝わらなければ何にもなりません。内容のあることをさらに印象的に、さらに深く伝えられるような発音を目標としましょう。最後に、「自由課題」として、テレビや映画などからセリフを選んで、会話の音声を観察し、練習してみてください。テキストでの学習が終わっても、自分の力で周りにある音声材料を使って学習することができるようにしましょう。

ユニット1 イントロダクション 聞いてみよう

> **このユニットの目標**
> 　聞き手にとって、聞きやすくわかりやすい発音のためには、どんなことをすればいいのでしょう。いろいろな読み方を聞いたり読んだりしてみて、考えましょう。そして、このテキストが目指しているものを理解してください。

I 聞いてみよう 読んでみよう

　1回目　本を閉じて、聞いてください。**CD1-1**
　2回目　もう一度、同じ文を聞いてください。**CD1-2**

1回目と2回目では、どちらが聞きやすかったでしょうか。話し合ってみましょう。

1回目は、何も考えずに読んだものです。
2回目は、句切りを入れて読んだものです。どこに句切りが入っているでしょう。
もう一度2回目の音声を聞いて、句切りのマーク（／）を入れてみましょう。

> 　フード・マイレージというのは、食糧（しょくりょう）の産地（さんち）から消費（しょうひ）される土地（とち）までの輸送距離（ゆそうきょり）に重（おも）さをかけた値（あたい）です。食品（しょくひん）の生産地（せいさんち）と消費地（しょうひち）が近（ちか）ければ、輸送（ゆそう）にかかるエネルギーが少（すく）なく、地球環境（ちきゅうかんきょう）にかかる負担（ふたん）も小（ち い ）さいので、フード・マイレージも小（ちい）さくなります。

今度はみなさんが上の文を読んでみてください。

Ⅱ　観察しよう CD1-3

日本語のアクセントやイントネーションを観察しましょう。
　録音音声を聞いて、声がどんなふうに上がったり下がったりしているかについて考えた後に話し合いましょう。
　声の上がり下がりを曲線で描いてみましょう。

1)

　①めぐろのそば　　②めぐろのそばのそばや　　③めぐろのそばのそばやのおばあさん

2)

　①ぎんざのおばさん　　②ぎんざのおばさんのこども　　③ぎんざのおばさんのこどものともだち

3)

　①なにかみえますか　　　　　　②なにがみえますか

次のページの答えを見て話し合いましょう。

【解説】
Ⅰ　下は句切りの一例です。どんな句切りが聞きやすく読みやすいか考えてください。

　フード・マイレージというのは、／食糧の産地から／消費される土地までの／輸送距離に／重さをかけた値です。／／食品の生産地と／消費地が近ければ、／輸送にかかるエネルギーが少なく、／地球環境にかかる負担も／小さいので、／フード・マイレージも／小さくなります。

Ⅱ　下の図は音声分析ソフトを用いて抽出した図（この本ではピッチカーブと呼びます）です。このピッチカーブを見ながら確認して、読んでみましょう。

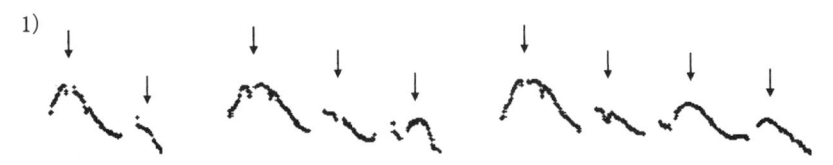

1)

①めぐろのそば　②めぐろのそばのそばや　③めぐろのそばのそばやのおばあさん

　ピッチカーブを見ると、「へ」の字のような山がいくつか並んでいます。最初の山のピークは一番高く、徐々に低くなって、階段状になっています。全体でも「へ」の字になっています。
　アクセントについては、後で詳しく学習しますが、この山の形は、アクセント核（声の下がり目）を持つ言葉が含まれているから起こるのです。

2)

①ぎんざのおばさん　②ぎんざのおばさんのこども　③ぎんざのおばさんのこどものともだち

この場合は、アクセント核がないので、平らになります。平らな発音はなかなか難しいものですが、日本語では結構見られます。ここで十分口ならしておきましょう。平らな場合も、1)ほどはっきりしていませんが、全体では緩やかな「へ」の字になっています。

3)

① なにかみえますか　　　　② なにがみえますか

①は、「見えるかどうか」を聞いているので、「見えますか」にフォーカスがあり、ここで声が上がります。ピークが2つあるように見えます。②は、「見えるものは何か」を聞いているので、「何が」にフォーカスがあって、ピークはひとつでそのまま下がります。疑問文なので、どちらも最後の「か」は上がります。

コラム1　「へ」の字型イントネーション

フレーズや文全体は、どんなふうに聞こえますか？また、ピッチカーブは、何の字に見えるでしょうか。「へ」の字のような形をしていることが多いので、「へ」の字型イントネーションと呼ばれています。「へ」の字型イントネーションは、日本語平叙文イントネーションの基本の形です。「へ」の字を描くためには、初めに声が上がって終わりに下がることが重要です。

Ⅲ　句切りに気をつけて読んでみよう CD1-4

日本のフード・マイレージは、／世界一です。／／たったひとつのコンビニの弁当は、／地球4周分に当たるほどの／フード・マイレージです。／／例えば、／弁当のインゲンは、／中東のオマーンで栽培されています。／／収穫されてから、／日本まで空輸され、／総移動距離は、／何と／七千八百キロになります。／／

ユニット 2　　フレージング（1）句切り　山と丘

> **このユニットの目標**
> 　ユニット1で確かめたように、自然なイントネーションで発音するためには、意味単位で適切な句切りを入れることが重要です。アクセントが間違っていても、句切りを入れて、句切りと句切りの間の句（フレーズ）が「へ」の字型イントネーションを描いていれば、わかりやすく聞こえます。簡単なことと思えるかもしれませんが、句切りがまず基本です。

I　句切り

「日本には、景色のいいところがたくさんあります」という文を聞いてみましょう。3種類の文を読みますから、下のどの文を読んだか考えてください。**CD1-5**

1. にほんには ／ けしきの ／ いい ／ ところが ／ たくさん ／ あります
2. にほんには ／ けしきのいいところが ／ たくさんあります
3. にほんには ／ けしきのいいところがたくさんあります

どれが聞きやすいですか。3種類の読み方はどこがどう違っているのか、以下のピッチカーブで確かめてみましょう。

1. 文節ごとに切って読んだ場合（単語のアクセントに注目した読み方）

にほんには ／ けしきの ／ いい ／ ところが ／ たくさん ／ あります

アクセントは正確でもなんだか聞きにくいですね。

2. 少し大きい単位で切って読んだ場合（意味のまとまりに注目した読み方）

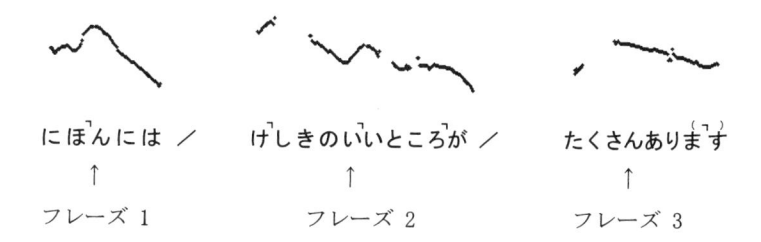

にほんには ／　　けしきのいいところが ／　　たくさんあります
　　↑　　　　　　　　　↑　　　　　　　　　　↑
　フレーズ1　　　　　フレーズ2　　　　　　フレーズ3

　このほうが自然でわかりやすいのではないでしょうか。この3つのまとまりのそれぞれをこの本では、フレーズ(phrase)と呼びます。フレーズ（句）というのは、複数の語や文節がまとまって、発音上も一息で発音されるものです。
　よく聞くと、この3つのまとまりは、「へ」の字といっても、フレーズ1と2が山、フレーズ3が少し平坦に聞こえませんか？図を見ると、フレーズ1と2は「山」のようで、3はちょっと平坦な「丘」のようですね。この「山」か「丘」のまとまりがフレーズです。

3. さらに大きなフレーズで切って読んだ場合

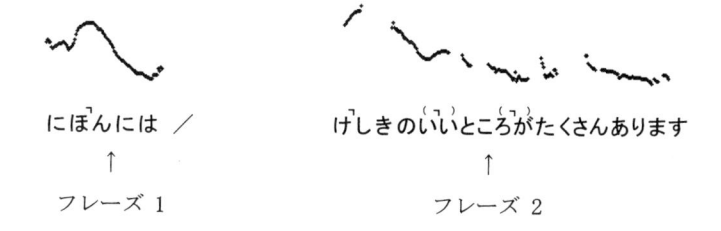

にほんには ／　　　　　けしきのいいところがたくさんあります
　　↑　　　　　　　　　　　　　　↑
　フレーズ1　　　　　　　　　　フレーズ2

　2つのフレーズで発音することも可能です。「山」が2つ聞こえますか？
　2と3では、どちらが読みやすいでしょうか。また、どちらが聞きやすいでしょうか。この本では、2あるいは3の句切りで読む練習をします。

フレージング練習
　皆さんは、これから、自分で句切りを入れて、イントネーションのカーブ（ピッチカーブと呼びます）を描いて読む練習をします。この本では、これを**フレージング練**

習と呼びます。最初の段階では、フレーズが「山」か「丘」かを判断し、発話するようにしてください。次の段階では、アクセント核がどこにあるかを調べることもしますが、まずは、句切りと「山」、「丘」に注目してください。

なお、「句切り」は「区切れ」「区切り」と呼ばれることが多いのですが、この本では、「句=フレーズ」を重視するので、「句切り」と呼びます。

コラム2 句頭の上昇

普通、フレーズの初めには、声の上昇が見られます。これを**句頭の上昇**と呼びます。句頭の上昇は、聞き手に新しいフレーズが始まったという情報を与え、聞き手の理解にとって大切なサインになります。7ページの2のピッチカーブを見ると、「にほんには」の場合、「に」から「ほ」にかけて上昇しているのがわかるでしょう。また、「けしきのいいところが」のように、頭高型の語から始まっている場合にも「け」の初めの部分が少し上昇しています（特に意識して発音する必要はありませんが、機械で分析するとはっきりわかります）。ただし、下の「おおさかでは」のように、2拍目が長音「ー」や撥音「ん」の場合には、句頭の上昇が弱く、平らになることが多いです。

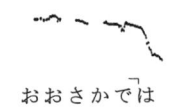

おおさかでは

Ⅱ 発音の単位

次のページの日本語の発音の階層図を見て日本語のアクセントやイントネーションの関係を考えてみましょう。

①から⑥の順に「日本には景色のいいところがたくさんあります」という文を読んでください。

①のようにゆっくりと1音1音はっきりと区切りながら発音してみてください。拍という小さい単位で発音することができます。日本語の音は、この拍を基本単位とします。

②は音節の単位で、日本語を母語としない人は、この音節の単位で発音しているかもしれません。「ほん」や「いい」や「さん」は2拍ですが、1音節となります。

③より上は単語のアクセントが関係します。
④から上になると、イントネーションに関係が深いと言えます。

日本語の発音の階層図

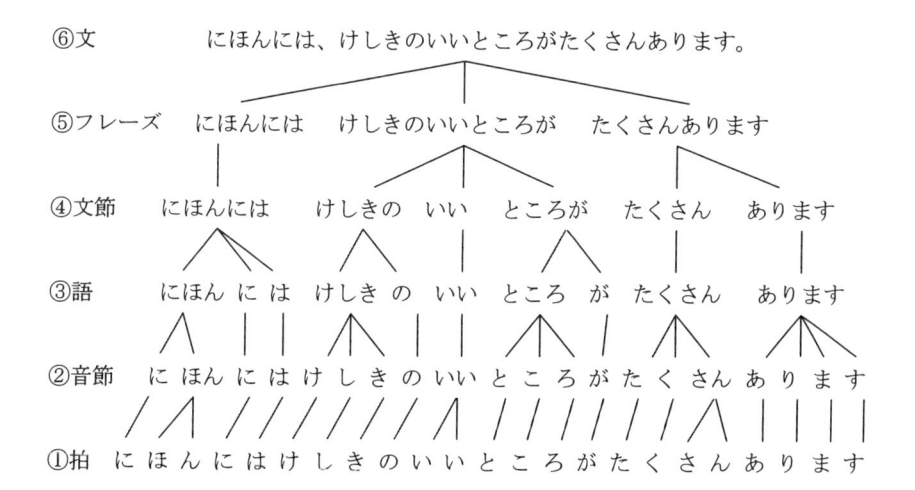

```
⑥文          にほんには、けしきのいいところがたくさんあります。
⑤フレーズ    にほんには   けしきのいいところが   たくさんあります
④文節        にほんには   けしきの いい ところが   たくさん  あります
③語          にほん に は けしき の いい ところ が たくさん  あります
②音節        に ほん に は け し き の い い と こ ろ が た く さ ん あ り ま す
①拍          に ほ ん に は け し き の い い と こ ろ が た く さ ん あ り ま す
```

Ⅲ 句切りの位置

句切りを入れるのは、意味上のまとまり、一息で言える単位です。一息というのは、1〜2秒（長くても15拍ぐらいまで）と思っていいでしょう。そうは言ってもどこで句切りを入れたらいいのか迷いますね。句切らず、さっと早く言うと滑らかに感じます。しかし、早く発音することが必ずしも上手とは限りません。何を言っているかわからない場合もあるからです。

次に、文法的、意味的に切ったほうがよさそうな目安について述べます。厳密な規則があるわけではありません。発話しやすさ、聞きやすさを考えて句切ってください。

1. 列挙文 CD1-6

① ならと ／ みやじまと ／ ながさきと
② ケーキや ／ アイスクリームや ／ のみものなど
③ しんじゅくとか ／ いけぶくろとか ／ しぶやとか

＊句切りのところにはポーズ（息継ぎの休み）が入りますが、ポーズは入る場合と入らない場合があります。はっきりとゆっくり発音する場合は、ポーズが入りますが、さっと発音するときは、ポーズは入らず、／の前で声が下がり、／の後で、句頭（フレーズの初め）が上昇するだけのこともあります。音声を聞いてみましょう。**CD1-7**

2. 接続詞や文頭に置かれた副詞等の後 **CD1-8**
① さいごに ／ これまで見てきたことをまとめてみましょう。
② たとえば ／ どんなれいがありますか。
③ じゃあ ／ あとでまたおでんわします
☞簡単辞書Ⅵ　接続詞・副詞のアクセントを参照してください。

3. 「は」の後（従属節における主語の「が」の後は切らない） **CD1-9**
① みんなは ／ かれがいったことをしんじませんでした。
② わたしがいいたいのは ／ そういうことじゃないんです。
③ せんせいがいってたじしょは ／ これかなあ。

4. フォーカスをあてたいところの前 **CD1-10**
　フォーカスがあるところの前で一度切り、フォーカス部分は、必ず句頭上昇から始めます（太字下線部分がフォーカス部分）。
① にほんじんが ／ <u>アラビアご</u>でスピーチをしました。
② にほんじんがアラビアごで ／ <u>スピーチを</u>しました。

練習をしてみましょう。CD1-11
① 試験が終わったのでリーさんはコンビニでアルバイトを始めました。
② 兄が好きなのはテニスじゃなくてバスケットボールです。
③ 日本では　1人の女性が生む子供の数が 1.32 人になりました。

Ⅳ　自分でフレージングしてみよう　句切りを入れてみよう
　これから、ある留学生が書いたスピーチ文「日本に来てから」をフレージングしてみます。

内容確認

まず、スピーチの全文を読んで、内容を理解しましょう。

日本に来てから

　日本に来てから、もう2年以上たちました。そのあいだにいろいろなところに旅行しましたが、春休みに行った奈良と宮島と長崎がいちばん思い出に残っています。

　いなかの人たちは、外国人が日本語を話すとびっくりします。私が日本語を話したり、みそしるが好きだと言うと、たいていの人は「日本語がしゃべれるの。それにみそしるも飲むの。」と聞きます。それで私が「ええ、ねぎのみそしるとなっとうが大好きなんです。」と答えると、みんな目を丸くします。（221拍）

句切り CD1-12

　上の文は、どこで句切ったら、読みやすいでしょうか。意味を考えながら、／で印をつけてください。句切りは句読点（「。」や「、」）のあるところだけではありません。

　モデル音声を聞いて自分の句切りと比べてみましょう。「山」か「丘」かにも気をつけて聞いてください。

【解答と解説】

Ⅲ　練習　答えはひとつではありません。話し合ってみましょう。
① 試験が終わったので／リーさんは／コンビニでアルバイトを始めました。／／
② 兄が好きなのは／テニスじゃなくて／バスケットボールです。／／
③ 日本では／1人の女性が生む子供の数が／1.32人になりました。／／

Ⅳ　読み方はひとつではありません。たとえば次のように句切ることができます。ピッチカーブも描いてありますので、参考にしてください。読んでみましょう。

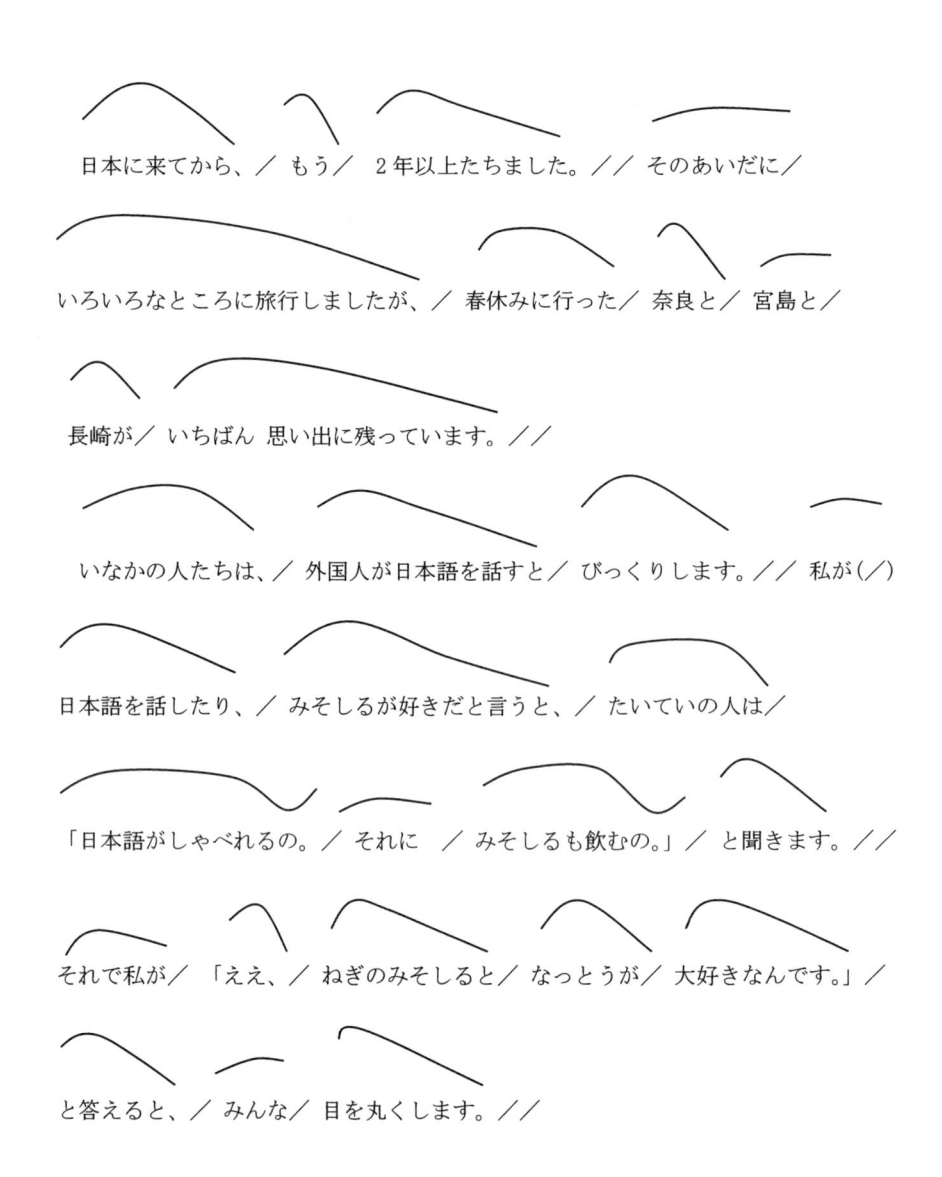

日本に来てから、／　もう／　２年以上たちました。／／　そのあいだに／いろいろなところに旅行しましたが、／　春休みに行った／　奈良と／　宮島と／長崎が／　いちばん　思い出に残っています。／／

いなかの人たちは、／　外国人が日本語を話すと／　びっくりします。／／　私が（／）日本語を話したり、／　みそしるが好きだと言うと、／　たいていの人は／「日本語がしゃべれるの。／　それに　／　みそしるも飲むの。」／　と聞きます。／／それで私が／　「ええ、／　ねぎのみそしると／　なっとうが／　大好きなんです。」／と答えると、／　みんな／　目を丸くします。／／

注：「山」がほとんどで、「丘」は少ないです。「丘」になるのは、「そのあいだに」「宮島と」「私が」「それに」「それで私が」「みんな」です。

― 口頭発表へむけて―

◇　「日本に来てから」を録音してみよう

　自分で自分の発音がどう変化していくかを見るため、また、フィードバックをもらうために、録音してみましょう。「いつ」、「だれが」、「なにを」録音したかわかるように、以下のような録音手順にするといいでしょう。フィードバックをもらってからもう一度録音すると、前の発音と違ったか、改善したかどうか比べられます。

☆　録音手順

　下線部分を入れ替えて録音時に言ってください。次に、録音するときは前の録音を消さないで、そのあとに録音してください。後で、自分の進歩を確認するためです。

> （録音前）私は名前です。〜月〜日、「日本に来てから」の　1　回目の録音をします。
> （録音後）〜〜これで終わります。

ユニット3　フレージング（2）アクセント

> **このユニットの目標**
>
> 　聞き手にとって、聞きやすくわかりやすい発音のためには、「へ」の字型イントネーションになることが重要です。フレーズの形が「山」になるか「丘」になるかは、そのフレーズの中にある単語のアクセントによります。このユニットでは、アクセントについての知識を学び、読む練習をします。

I　復習　句切り／をいれなさい（答えはユニット2を見てください）。**CD1-13**

　日本に来てからもう2年以上たちました。そのあいだにいろいろなところに旅行しましたが春休みに行った奈良と宮島と長崎がいちばん思い出に残っています。いなかの人たちは外国人が日本語を話すとびっくりします。

II　アクセント型

　日本語はアクセントもイントネーションも、声の上がり下がりの変化が特徴です。その声の上がり下がりを表したピッチカーブを見ながら練習してください。

　ここで「日本語」と呼んでいるのは、共通語としての東京語を指しています。日本では、地域ごとにそれぞれの方言があり、それぞれの韻律特徴がありますが、日本語教育では共通語の音声をモデルとしています。

　東京語のアクセントの種類を紹介し、それぞれのアクセント型の練習をします。

1. 頭高型アクセント **CD1-14**

　頭高型アクセントというのは、最初の拍が高く、2拍目で声が低くなる型です。例えば「あめ。みる。ビール。なんじに」などがあります。このように声の高さが急に下がる前の拍（「あめ」の場合は「あ」）に**アクセント核**があると言い、⌐というマークで示します。

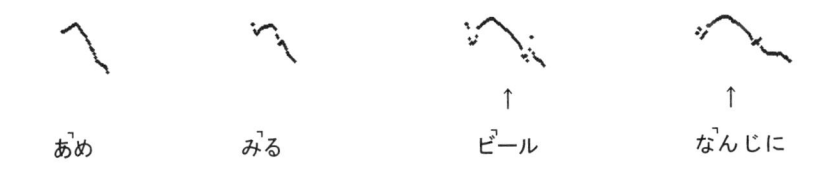

あめ　　　みる　　　ビール　　なんじに

「ビール。なんじに」のように2拍目が**特殊拍（長音・撥音・促音など）**のときには、矢印（↑）に示すように、その特殊拍から低くなりますので、注意してください。

コラム3　特殊拍：長音　撥音　促音
　長音（ちょうおん）は「おとうさん」「ビール」などの「う」「ー」の部分です。撥音（はつおん）は「おとうさん」や「パン」などの「ん」「ン」のことです。促音（そくおん）は「きって」や「カップ」などの「っ」「ッ」のことです。日本語では、1拍と数えますが、必ず他の拍の後に続き、自立していない拍であり、特殊拍と言います。また、特殊拍にはアクセント核が置かれないのが特徴です。

練習してみましょう。**CD1-15**
1) なに　2) のむ　3) なみだ　4) だれが　5) どんなに

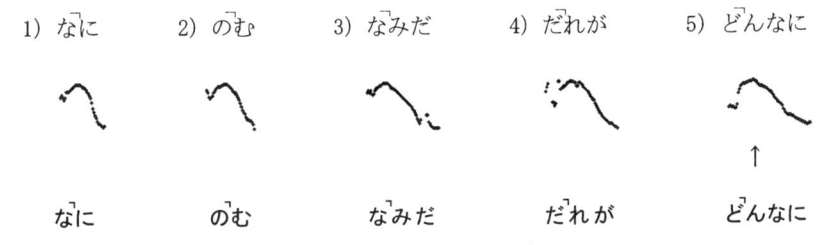

なに　　のむ　　なみだ　　だれが　　どんなに

他にどんな言葉があるでしょう。例を挙げてみましょう。

2. 中高型アクセント　CD1-16
　中高型アクセントは、語の初めと終わりの拍が低く、中が高い型で、ピッチカーブは山のような形になります。例えば「あおい。どようび。にぎやか。おぼえる。」などです。4拍以上の語の場合、どこで低くなるか、よく気をつけましょう。例えば、「に

15

ぎやか」では、2番目の拍「ぎ」から「や」にかけて低くなりますが、「おぼえる」では、3番目の拍「え」の後で低くなります。

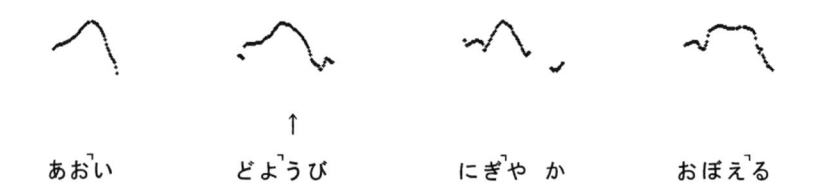

あおい　　どようび　　にぎやか　　おぼえる

練習してみましょう。**CD1-17**
1) おもう　2) ひらがな　3) おりがみ　4) がんばる　5) だいじょうぶ

おもう　ひらがな　おりがみ　がんばる　だいじょうぶ

他にどんな言葉があるでしょう。例を挙げてみましょう。

3. 平板型アクセント CD1-18

平板型アクセントというのは、声の高さが急に低くならない、平らな型です。例として、「あね。なまえ。わらう。ゆうめいだ。」などがあります。「あねがわらう。」という場合も声の高さの急な下がりはありません。

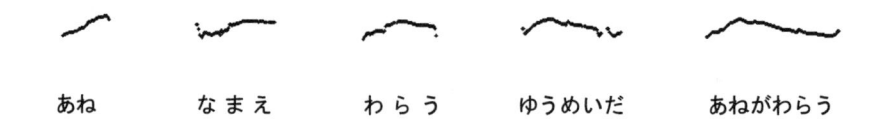

あね　なまえ　わらう　ゆうめいだ　あねがわらう

練習してみましょう。**CD1-19**
1) えいご　2) ねむる　3) ブラジル　4) まいねん　5) なまえをいう

えいご　ねむる　ブラジル　まいねん　なまえをいう

他にどんな言葉があるでしょう。例を挙げてみましょう。

4. 尾高型アクセント　CD1-20

　尾高型アクセントというのは、最後の拍が高いアクセント型です。例えば、「いぬ」です。「いぬ。」と言う場合、平板型アクセントと同じように、声の高さの急な下がりはありません。しかし、「いぬがいる。」というと、「ぬ」のあとで声の高さが下がります。このように、助詞が低くなるアクセントを尾高型アクセントと言います。

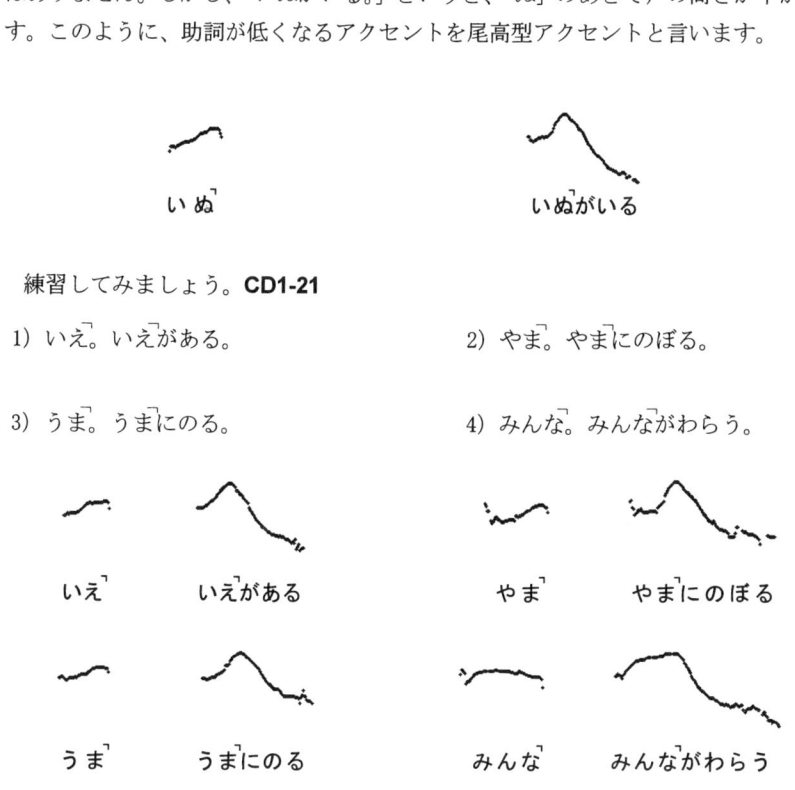

いぬ　　　いぬがいる

練習してみましょう。**CD1-21**

1) いえ。いえがある。　　　2) やま。やまにのぼる。

3) うま。うまにのる。　　　4) みんな。みんながわらう。

いえ　いえがある　　やま　やまにのぼる

うま　うまにのる　　みんな　みんながわらう

他にどんな言葉があるでしょう。例を挙げてみましょう。

> **コラム 4　尾高型名詞＋の**
>
> 　「みせが」が「みせの」になるように、尾高型名詞の後に助詞「の」が付く場合、平板型名詞のようになることが多いです。
>
> 　例　「やまが」「やまの」　　「いもうとが」「いもうとの」
>
> 　しかし、「みんなが」「みんなの」　　「ちちが」「ちちの」のようなものもあります。

Ⅲ　アクセントマークのとおりに読んでみよう　CD1-22

次の単語は、「日本に来てから」の単語です。下のピッチカーブを見ながら読んでもいいですね。

1) にほん　　　2) にねんいじょう　　3) そのあいだ　　4) はるやすみ

5) なら　　　　6) みやじま　　　　　7) ながさき　　　8) おもいで

9) がいこくじん　10) にほんご　　　　11) はなす　　　　12) ねぎ

13) みそしる　　14) だいすき　　　　15) こたえる

> コラム5　にほん（に）、にほんご、にほんじん **CD1-23**
> 「にほん」のアクセント核は「ほ」にありますが、「にほんの」の場合は、平板型になります。また、「にほんご」も平板型です。「にほんじん」は「じ」にアクセント核があります。

Ⅳ　アクセント辞典を使ってみよう

　アクセント辞典を使うと、単語のアクセントを調べることができます。面倒くさがらずにアクセント辞典を引く習慣をつけましょう。また、このテキストの付録は「簡単辞書」です。参考にしてください。

　次の言葉をアクセント辞典で調べ、アクセントマークを書いて、読んでください。なお、名詞に助詞「が」を付けたのは、平板型と尾高型を区別するためです。

　　例：あなたが（中高型）

　1）だいがくが　　2）コーヒーが　　3）とうきょうが　　4）せんせいが

　5）かいしゃが　　6）あしたが　　7）じゅぎょうが　　8）おいしい

　9）わるい　　10）ちょっと　　11）かわいい　　12）いやだ

Ⅴ　読んでみよう

　次の**ユニット4**では、自分で句切りを入れたり、アクセント核を探したり、ピッチカーブを描いたりしてフレージングをします。その前に手描きのピッチカーブを見ながら読むことに慣れましょう。**ユニット2**では、山か丘だけに注目しましたが、ここではアクセント核のマークもついています。

1．短文練習 **CD1-24**

　短文練習では、拍の長さに注意したいので、読みにくいかもしれませんが、ひらがな書きです。1拍の長さはだいたい同じです。1拍目から2拍目にかけての句頭の上昇（**コラム2**）に気をつけて、丁寧に上昇するように読んでください。

1. にねんいじょうまえに／にほんにきました。
   (二年以上前に／日本に来ました)

2. はるやすみに／ならにいきました。
   (春休みに／奈良に行きました。)

3. ながさきにとまりました。
   (長崎に泊まりました)

4. がいこくじんがたくさんいましたが、／にほんごではなしました。
   (外国人がたくさんいましたが、／日本語で話しました)

5. わたしは、／ねぎのみそしるが／だいすきです。
   (私は、／ねぎの味噌汁が／大好きです)

注１：「ます」「ました」「ません」「ませんでした」のアクセントはいつも同じです。前にどんな動詞がついても同じアクセント型になります。
  例：「いきます・たべます」、「いきました・たべました」、「いきません・たべません」、
    「いきませんでした・たべませんでした」

注２：このテキストでは、文末の「ます」「ました」「ません」「ませんでした」は、「ます」「ました」「ません」「ませんでした」というように、カッコつきか、あるいは、まったく書かない場合もあります。文末（または句末）では、あまり目立たなくなるからです。

20

2. 長文練習 「日本に来てから」

アクセント核がついた図が第二部（p.105）にあります。図をみながら読んでみましょう。音声分析ソフトで抽出した図もありますから、参考にしてください。

【解答と解説】

V

1) だいがくが（平板型）　　2) コー゛ヒーが（中高型）　　3) とうきょうが（平板型）

4) せん゛せいが（中高型）　　5) かいしゃが（平板型）　　6) あした゛が（尾高型）

7) じゅ゛ぎょうが（頭高型）　8) おいしい（平板型）　　9) わる゛い（中高型）

10) ちょ゛っと（頭高型）　　11) かわい゛い（中高型）　　12) いや゛だ（中高型）

注：「おいしい」は中高型で発音することが多く、戸惑うかもしれません。形容詞のアクセントは揺れが多いという理由のほかに、言い切る形では、平板型も中高型で発音することが多いようです（ユニット10のⅡ-1を参照してください）。

コラム6　日本語のアクセントとイントネーション　CD1-25

アクセントもイントネーションも声の上がり下がりによって表されますが、アクセントは単語ごとに社会的に決まっているものであるのに対し、イントネーションは文単位のもので、話し手の意図や感情によって変化します。この2つはどのように関係しているのでしょうか。

「はるやすみ？」という短い文で考えてみましょう。まず、「はるやすみ」のアクセント核は「や」にありますから、「や」の後で下がります。疑問であることを表すためには、さらにイントネーションがかかって、最後の「み」で上昇します。つまり、「や」の後でいったん下がった後に「み」で上昇します。ピッチカーブで表すと下のようになります。頭高型の「めがね」も同じです。平板型の「だいがく」の場合には、アクセント核はないので、下がらずに上昇していきます。このように、イントネーションがかかっても、アクセント型は変わりません。

　　はるやすみ？　　めがね？　　だいがく？

― 口頭発表へむけて ―

◇ 個人作業やグループ作業(**アクセント辞典を使ってみよう**)をしている間に「日本に来てから」の個別練習(一人ずつ先生に発音をチェックしてもらうこと)をしましょう。その後、2回目の録音をしてください。

◇ ひと味違う自己紹介を書いてみよう。

次の授業までに自己紹介の原稿を書いて、先生にチェックしてもらいましょう。できれば、ルビを振って句切りも入れてみましょう。

以下のポイントに気をつけて書いてください。

・聞き手にアピールする(売り込み)文を考える。
・ユーモアがあるスピーチ、自分らしさを表すようなスピーチを考える。
・長さは「日本に来てから」と同程度か少し長い程度(200〜300字)
・ひとつひとつの文が長すぎないように1行か2行までですること。

ユニット 4　フレージング（3）まとめ

> **このユニットの目標**
> このユニットでは、自分でフレージングをして読むのが目標です。意味を考えながら句切りを入れて、実際にアクセント辞典を使って、ピッチカーブを描きます。

I　復習
新しい勉強を始める前に今までの復習をしてみましょう。
1. (　)内に適当な言葉をいれなさい。
   1. 1.　アクセント型の種類は 4 種類ある。
      (　　　)型、(　　　)型、(　　　)型、(　　　)型である。
   1. 2.　特殊拍とは(　　　)(　　　)(　　　)などのことである。

2. 発音を聞いてアクセント核に ⌐ マークをつけなさい CD1-26

| しんばし | おとうさん | きょうと | ながさき | だいすき |
| (新橋) | (お父さん) | (京都) | (長崎) | (大好き) |

II　フレーズの型 CD1-27
フレーズの型は基本的には「山」か「丘」です。

フレーズ内の語にアクセント核がある場合は、山型となりますが、アクセント核の数と位置によって形状は a、b、c のようにバリエーションがあります。アクセント型が平板型である場合は丘型（d）となります。読んで確認してみましょう。

　　　　　　　　　山型（a、b、c）　　　　　　　　　　　丘型（d）

a：火を消す　　b：歯がいたい　　c：戸をたたく　　d：気がかわる
　手を洗う　　　絵をかく　　　　葉が落ちる　　　　鳥がいる
　おてつだい　　目がわるい　　　はずかしい　　　　勉強する

a、b、cのようなバリエーションはありますが、この本の練習では、「へ」の字であることが大事だと考えています。ですから、bのような場合、後のアクセント核については、義務としません。なくてもよいとします。しかし、2つ目のアクセント核をつけた場合にも、2つ目の山は低く抑えられることに注意してください。これをダウンステップと呼びます。

1拍語名詞の「火」「手」「歯」「絵」「目」は助詞から低くなる頭高型（尾高型）です。一方、「戸」「葉」「気」は、平板型です。平板型の場合は、句頭の上昇があるので、助詞から高くなることに気をつけましょう。

コラム7　ダウンステップ

「へ」の字の山がいくつか連なっている場合、最初の山が一番高く、2番目、3番目の山のピークが抑えられることをダウンステップといいます。2番目、3番目の声の高さを少し抑えるように発音しましょう。ユニット1の「めぐろのそば」を思い出してください（p. 4）。

😊 **ここでちょっと口の体操　早口ゲーム CD1-28**

早口言葉は途中で息継ぎしてはいけません。間違わないで3回連続発音できますか。もちろん、1回目のあとで息継ぎしても構いません。

　　　　　　　なまむぎなまごめなまたまご（生麦生米生卵）

ピッチカーブは

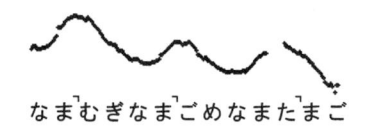

　　　　　　なまむぎなまごめなまたまご

3つの山がだんだん低くなっていますね。これもダウンステップです。下の図は手で描いたものです。

　　　　　　なまむぎなまごめなまたまご

Ⅲ　フレージング練習　読んでみよう **CD1-29**

　自分でフレージングする前に、マークを見て読む練習をしましょう。違う句切り方や読み方もあると思います。モデル音声の切り方が長すぎる場合は、どこで切ったらいいか、話し合ってください。

　句頭の上昇に気をつけて、丁寧に上昇するように意識してみてください。

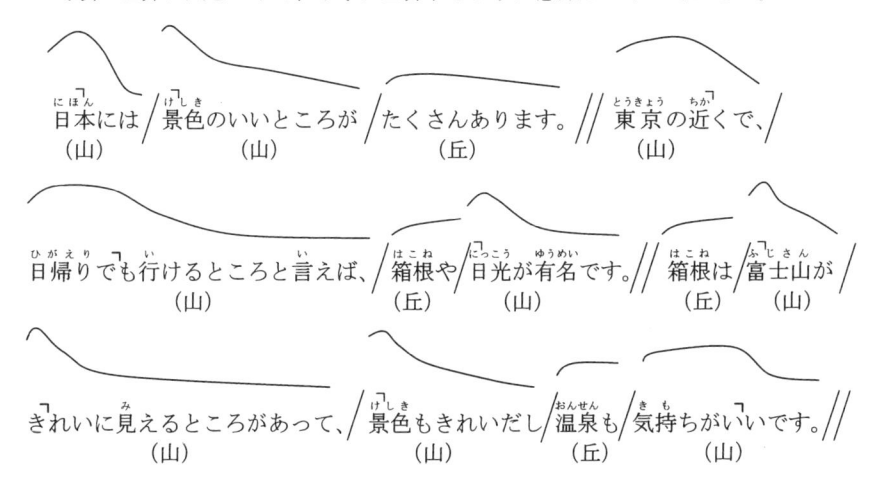

日本には／景色のいいところが／たくさんあります。／／東京の近くで、／
（山）　　（山）　　　　　　（丘）　　　　　　（山）

日帰りでも行けるところと言えば、／箱根や／日光が有名です。／／箱根は／富士山が
（山）　　　　　　　　　　　　（丘）　（山）　　　　　　（丘）　（山）

きれいに見えるところがあって、／景色もきれいだし／温泉も／気持ちがいいです。／／
（山）　　　　　　　　　　　（山）　　　　　　（丘）　（山）

Ⅳ　フレージングしよう

> **フレージングの手順**
> 　ステップ１：フレーズの句切り／を入れて山か丘かを聞き取る。
> 　ステップ２：モデル音声を聞いたりアクセント辞典を使ったりしてひとつ目のアクセント核を見つける（アクセント核はない場合もある）。
> 　ステップ３：ピッチカーブをつける。

1．短文でフレージングしてみよう **CD1-30**

　アクセント核は　ひとつだけでもよい：例１のように、ひとつのフレーズにアクセント核が２つ以上あっても、例２のように読むことも可能です。このテキストでは、例２のように、最初のアクセント核ひとつがマークできればよいとしましょう。

例１：おおきい木があります。　　　　例２：おおきい木があります。

句切りとアクセント核のマークを付けたら、ピッチカーブを描き、そのピッチカーブを見ながら発音してみましょう。短文練習では、1拍1拍を丁寧に発音するようにしましょう。特に、特殊拍も 1拍であることに注意すると上手に読めます。

なお、アクセント核は辞書がない場合、【解答と解説】のヒントを見てください。

CD1-31

1) みんなめをまるくします。
　　（みんな目を丸くします）

2) わたしはせがたかいほうです。
　　（私は背が高いほうです）

3) きがかわったらでんわしてください。
　　（気が変わったら電話してください）

4) うえのはがいたいんです。
　　（上の歯が痛いんです）

2.　**長文でフレージングしてみよう　CD1-32**

次の文をフレージングして、ピッチカーブを見ながら、ゆっくり丁寧に読んでみましょう。フレージングするのは一部でもかまいません。

目黒のそばの蕎麦屋のおばあさん

目黒のそばに蕎麦屋があります。おそばもまあまあおいしいのですが、そこのおばあさんがいいのです。何がいいかというと、ただいるだけで、店の雰囲気がなんとなくふんわりした感じになっているのです。ときどき、おそばを食べたいというより、おばあさんに会いたいなあと思います。

目黒のそばの蕎麦屋のおばあさん

目黒のそばに蕎麦屋があります。おそばもまあまあおいしいのですが、

そこのおばあさんがいいのです。何がいいかというと、ただいるだけで、

店の雰囲気がなんとなくふんわりした感じになっているのです。

ときどき、おそばを食べたいというより、おばあさんに会いたいなあと思います。

注：ピッチカーブを描くときに、声を出して、あるいは、頭の中で読みながら声を上げたり下げたりして、イメージを作るつもりでやってみましょう。描き方は上手である必要はありません。【解答と解説】にある全体のピッチカーブモデル例を見てください。

【解答と解説】
Ⅰ 1. 1. アクセント型は、（　頭高　）型、（　平板　）型、（　中高　）型、（　尾高　）型である。
1. 2. 特殊拍とは（　長音「ー」　）（　促音「っ」　）（　撥音「ん」　）などのことである。

2. 特殊拍に注意してください。

　　しんばし　　おとうさん　　きょうと　　ながさき　　だいすき

Ⅲ　1.

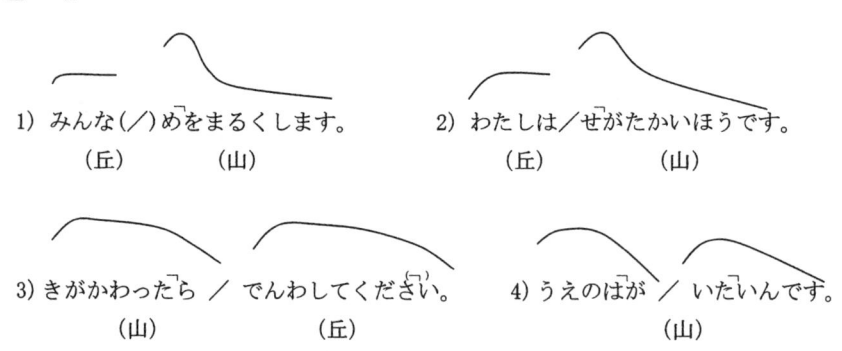

1) みんな(／)めをまるくします。
　　　(丘)　　　(山)

2) わたしは／せがたかいほうです。
　　(丘)　　　　(山)

3) きがかわったら／でんわしてください。
　　(山)　　　　　(丘)

4) うえのはが／いたいんです。
　　　　　　　(山)

注1：「みんな」の後は、句切りがある場合も、全体でひとつのフレーズになる場合もあります。
注2：主題の「～は」は、はっきり句切りが入ることが多いです。
注3：「きがかわったら」のように、副文に含まれる「～が」の場合は、はっきり句切りが入らないことが多いです。

3.

目黒のそばの／蕎麦屋のおばあさん
　　(山)　　　　(山)

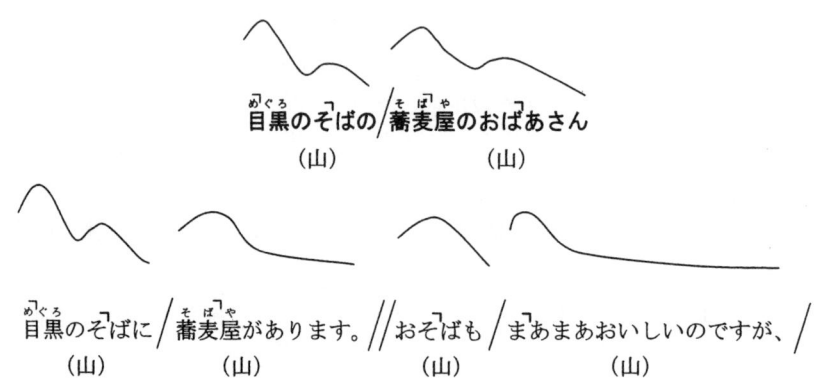

目黒のそばに／蕎麦屋があります。／／おそばも／まあまあおいしいのですが、／
　(山)　　　(山)　　　　　　　　　(山)　　(山)　　(山)

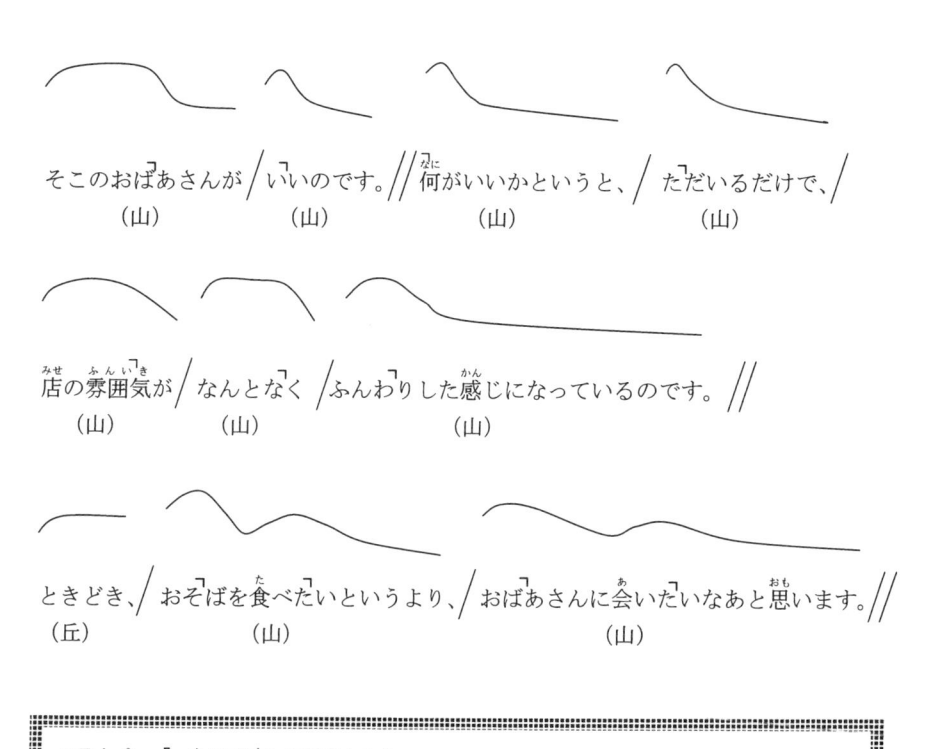

そこのおばあさんが／いいのです。／／何がいいかというと、／ただいるだけで、／
（山）　　　　　（山）　　　　（山）　　　　　（山）

店の雰囲気が／なんとなく／ふんわりした感じになっているのです。／／
（山）　　　（山）　　　（山）

ときどき、／おそばを食べたいというより、／おばあさんに会いたいなあと思います。／／
（丘）　　　（山）　　　　　　　　（山）

コラム 8　「～たいです」のアクセント

「たいです」は、どんな動詞についても「～たいです」になります。
例：「行きたいです」「会いたいです」「帰りたいです」

アクセントのヒント

平板型：まるく　　わたし　　気が　　変わったら　　電話して　　上の
　　　　そこの　　ときどき

＊「変わる」は平板型動詞で、「変わった」だが、「～たら」の場合は「変わったら」
　となります。簡単辞書を見れば、動詞の活用形のアクセントがわかります。

尾高型：みんなが　　みせの（みせが）　　☞コラム 4 参照
頭高型：まあまあ（「まあまあ」）　　なに
中高型：たかい　　いたい　　おそば　　ふんいき　　なんとなく　　ふんわり

― 口頭発表へむけて ―

◇ 自己紹介原稿とフレージング

　原稿は、**ユニット3**に挙げたポイントにあっていますか。まず、内容や文法チェックをしてもらいましょう。次の授業までに、フレージングしやすい形式に書き直して（第二部の例参照）、1回目の録音をしてみてください。できる限りフレージングしてみましょう。

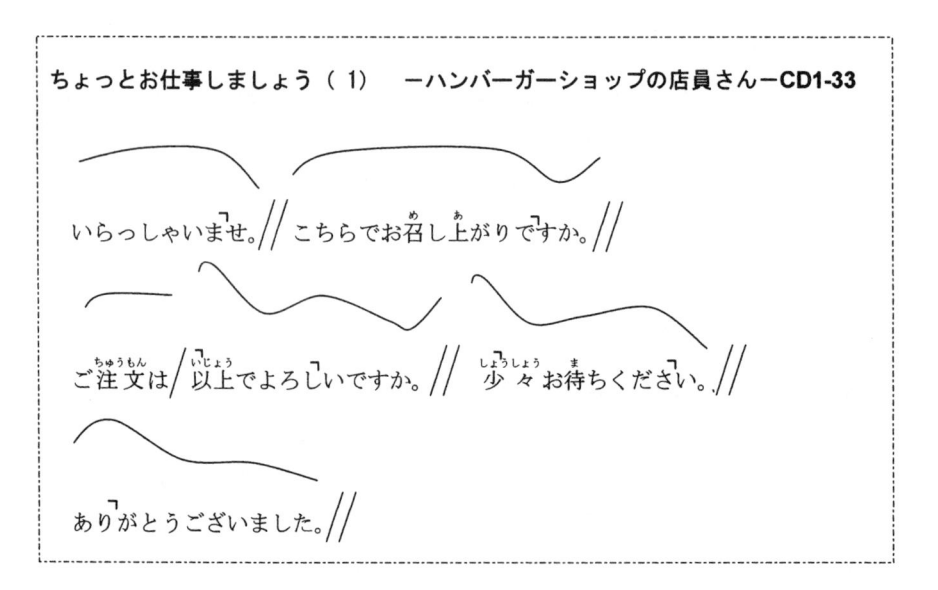

ちょっとお仕事しましょう（1）　―ハンバーガーショップの店員さん―**CD1-33**

いらっしゃいませ。// こちらでお召し上がりですか。//

ご注文は / 以上でよろしいですか。// 少々お待ちください。//

ありがとうございました。//

ユニット 5　複合名詞・複合助詞のアクセント

> **このユニットの目標**
> ユニット 4 までで、フレージングの基本の学習をしました。このユニットからは、フレージングの練習を行うとともに、体系的なアクセントの学習をします。ここでは、複合名詞や複合助詞の規則について学習します。

I　復習　句切り／、アクセント核（┐）、ピッチカーブを描きなさい。**CD1-34**

1) 日本に来てからもう 2年以上たちました。

2) いなかの人たちは外国人が日本語を話すとびっくりします。

II　複合名詞のアクセント
1. 後部の語が 3 拍以上の場合 **CD1-35**

a	いけぶくろ（池袋）	してん（支店）	⇒	いけぶ┐くろしてん
	わせだ（早稲田）	だいがく（大学）		わせだだ┐いがく
	インドネ┐シア	だいがく（大学）		インドネシアだ┐いがく
	こくさい（国際）	かんけい（関係）		こくさいか┐んけい
	けいえい（経営）	きかく（企画）		けいえいき┐かく
b	にゅうこく（入国）	かんり┐きょく（管理局）	⇒	にゅうこくかんり┐きょく
	おおあ┐め（大雨）	ちゅうい┐ほう（注意報）		おおあめちゅうい┐ほう
	ミート┐ソース	スパゲ┐ッティ		ミートソーススパゲ┐ッティ
	けいえい	きかく	マネ┐ージャー	けいえいきかくマネ┐ージャー

31

> **後部語が 3 拍以上の複合語アクセントは**
> a. 後部語が尾高型か平板型の場合、前の語のアクセントが消えて、後部語の 1 拍目にアクセント核がくる。
> b. 後部語にアクセント核がある場合、前の語のアクセントが消えて、後部語のアクセント核が残る。
> 　　　　　　　　　☞ bについては、簡単辞書　V複合名詞を参照してください。

2. 後部の語が 1 拍か 2 拍の場合 CD1-36

く（区）	しぶやく	めぐろく	ちよだく	みなとく
し（市）	よこはまし	たまし	はちおうじし	かしわし
けん（県）	にいがたけん	ちばけん	さいたまけん	かながわけん
かわ（川）	かんだがわ	たまがわ	てんりゅうがわ	（えどがわ）
りょう（料）	つうわりょう	しゅくはくりょう	サービスりょう	つうこうりょう
じん（人）	ちゅうごくじん	かんこくじん	パキスタンじん	（にほんじん）
えき（駅）	うえのえき	しんじゅくえき	しぶやえき	とうきょうえき
ご（語）	ドイツご	にほんご	ちゅうごくご	かんこくご
ちゅう（中）	でんわちゅう	はなしちゅう	かいぎちゅう	じゅぎょうちゅう
てき（的）	みんしゅてき	こうかてき	ほんしつてき	こんぽんてき
ビル	こうそうビル	ざっきょビル	ソニービル	（えきビル）

注：下線部は特殊拍が含まれるので、アクセント核が ひとつ前にずれます。（ ）内は例外です。

> **後部の語が短い（1拍・2拍）複合語アクセントは**
> 　前の語の最後の拍にアクセント核が置かれることが多いが、最終拍が特殊拍の場合は、核が ひとつ前の拍に移る。ただし「にほんじん」は例外で、後ろにずれる。「語」「中」のように平板型になる場合もあるが、それほど多くはない。
> 　　　　　　　　　☞ 簡単辞書　V複合名詞を参照してください。

3. 次の語のアクセント核に ┐ をつけなさい CD1-37

1) にねんい┐じょう（2年以上）　　2) にほ┐んご（日本語）

3) がいこ┐くじん（外国人）　　　　4) はるや┐すみ（春休み）

5) しんこんりょ┐こう（新婚旅行）　6) べんきょうづ┐くえ（勉強机）

Ⅲ 複合助詞のアクセント CD1-38

1. 1拍の助詞の場合　（「に／を」などにもうひとつ助詞がついた場合）

1) とうきょうにいきます　　　　2) 東京に┐も行きます

3) おおさかへいきます　　　　　4) 大阪へ┐も行きます

5) じょうく┐うをとびます　　　　6) 上空を┐もとびます

7) め┐ぐろにいきます　　　　　　8) 目黒に┐も行きます

2. 2拍の助詞の場合　（「より／まで」などにもうひとつ助詞がついた場合）CD1-39

1) とうきょうよ┐りおおきいです　2) 東京よ┐りは大きいです

3) おおさかま┐でいきます　　　　4) 大阪ま┐では行きます

5) め┐ぐろまでいきます　　　　　6) 目黒ま┐では行きます

例外：「から」「だけ」CD1-40

1) みぎか┐らのぼります　　　　　2) 右から┐ものぼります

3) おおさかだ┐けいきます　　　　4) 大阪だけ┐にいきます

5) め┐ぐろだけいきます　　　　　6) 目黒だけ┐は行きます

☺ ここでちょっと口の体操！ 早口言葉 CD1-41

この早口言葉のフレーズは、山？丘？

赤巻紙青巻紙黄巻紙

あかま┐きがみ／あおま┐きがみ／きま┐きがみ
　（山）　　　　（山）　　　　（山）

V フレージングしよう

1. 短文(句)でフレージングしてみよう CD1-42

フレーズの句切り／、アクセントマーク（⌐）、ピッチカーブを描いてフレージングしましょう。アクセント辞典を使いましょう。

1) がいこくじんがにほんごをはなすと
 （外国人が日本語を話すと）

2) にねんいじょうたちました
 （二年以上たちました）

3) はるやすみにいった
 （春休みに行った）

4) にっけいしんぶんによると
 （日経新聞によると）

5) みんしゅしゅぎやじゆうしゅぎが
 （民主主義や自由主義が）

6) にくたいてきなねんれいだけでなく
 （肉体的な年齢だけでなく）

2. 長文でフレージングしてみよう

第二部の 2「満員電車」のフレージングをしてみましょう

【解答と解説】

I

1) 日本に来てから、／もう／2年以上たちました。
 （山） （山） （山）

2) 田舎の人たちは／外国人が日本語を話すと／びっくりします。
 （山） （山） （山）

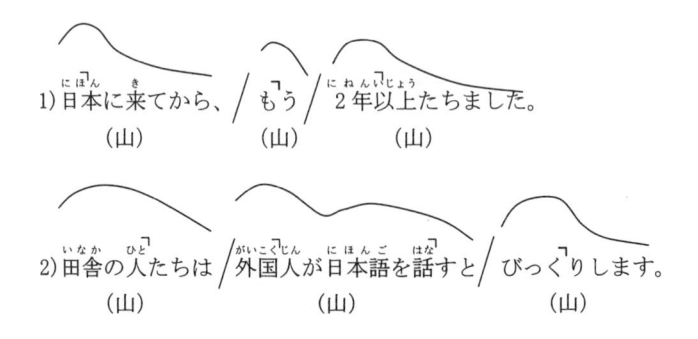

Ⅱ　3.

1) にねん⌐い⌐じょう（２年以上）　　2) にほんご（日本語）
3) がいこく⌐じん（外国人）　　　　　4) はるやすみ（春休み）
5) しんこんりょ⌐こう（新婚旅行）　　6) べんきょうづくえ（勉強机）

Ⅴ　1.

1) がいこく⌐じんがにほんごをはな⌐すと
　　　　　　　（山）

2) にねん⌐い⌐じょうたちました
　　　　　（山）

3) はるや⌐すみにいった
　　　　（山）

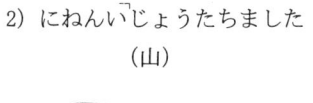

4) にっけいじんぶんによると
　　　　　（山）

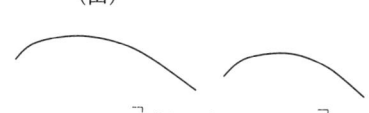

5) みんしゅしゅ⌐ぎや ／ じゆうしゅ⌐ぎが
　　　（山）　　　　　　（山）

6) にくたいてきなねんれいだ⌐けでなく
　　　　　　　　（山）

35

― 口頭発表へむけて ―

◇ 自己紹介練習

　1回目録音をしたら教室で個別練習をしましょう。フレージングのマークは読むときの助けになるとともに、フィードバック時の手がかりにもなります。目に見える形で声の上がり下がりがメモしてあれば、後でもう一度自分で確認するときに役に立ちます。個別練習が終わったらもう一度録音して提出しましょう。

　次回の授業で発表会を行いますので練習してきてください。できるだけ原稿を見ないで発表できるようにしましょう。

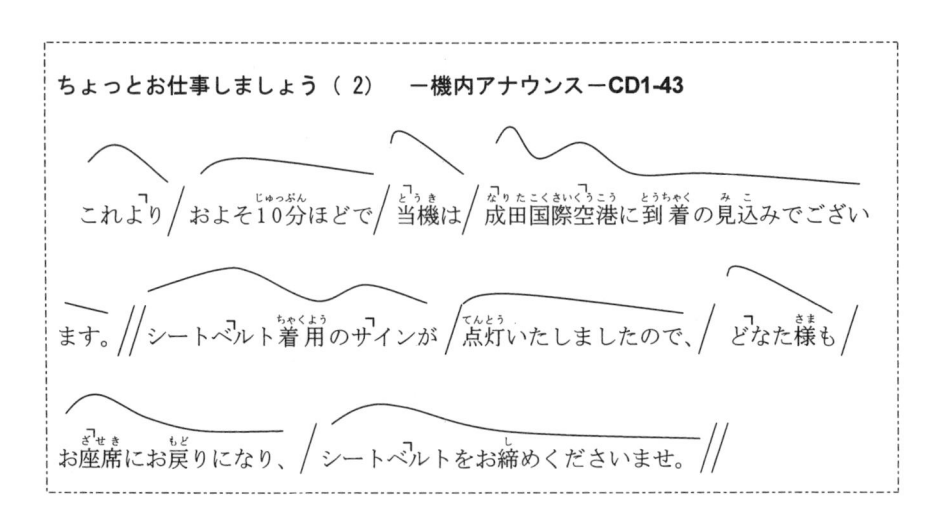

ちょっとお仕事しましょう（2）　―機内アナウンス―CD1-43

これより／およそ10分（じゅっぷん）ほどで／当機（とうき）は／成田国際空港（なりたこくさいくうこう）に到着（とうちゃく）の見込（みこ）みでございます。／／シートベルト着用（ちゃくよう）のサインが／点灯（てんとう）いたしましたので、／どなた様（さま）も／お座席（ざせき）にお戻（もど）りになり、／シートベルトをお締（し）めくださいませ。／／

ユニット6　自己紹介発表会・口頭発表のために

> **このユニットの目標**
> 　聞き手にとって聞きやすくわかりやすい口頭発表やスピーチを行うためには、発音も大事ですが、内容や時間配分などの要素も大切です。内容の良さがしっかりと聞き手に伝わるようにする、さらに、魅力的なものにするのが発音です。このユニットでは、自己紹介をしてから、口頭発表に必要な要素について学習します。

I　口頭発表について

　日常会話では、文が短いことや、あいづちが入るなどにより、知らず知らず相手の確認を求めたりしているため、別段コミュニケーションに支障を感じません。ところが、同じ人が長い説明をしたり、クラスで口頭発表やスピーチをすると、とたんにわかりにくくなったり、聞きにくくなったりすることがあります。特に自分のよく知らないことを説明するとなると、句切りやイントネーションのことなど、すっかり忘れてしまうのではないでしょうか。その結果、自分で思っている以上に聞きにくい発表になってしまいます。「わかりにくい」「いらいらする」といった日本人の意見もよく耳にします。伝えたい内容や気持ちが伝わらないのは残念なことです。では、「わかりやすく」「聞きやすい」口頭発表のためには何が必要でしょうか。まず、内容はもちろんですが、音声そして非言語的コミュニケーションも重要な要素となります。

1. **内容**
　順序を考えた構成
　明確さ（要点やポイントを押さえ、あまり長くない文にすること）
　制限時間を考えた適切な長さ

2. **音声・非言語**
　プロソディー（イントネーション、アクセント、ポーズ、話す速さ、リズムなど）
　非言語（アイコンタクト、ジェスチャー、表情など）

　口頭発表のポイントはなんでしょう。よい内容や構成はもちろん前提ですが、ここ

では、次の4つを考えたいと思います。
- ① 聞きやすいこと
- ② わかりやすいこと
- ③ 適切な長さと時間配分
- ④ 盛り上がりを作ること

　①と②のためには、個々の音の発音やプロソディーが問題になってきます。その中でも、ポーズが重要な要素となります。早口の人もいれば遅い人もいますが、話すのが速くても、ポーズをうまく入れると、聞く人が聞いた内容を理解する時間が持てるので、わかりやすく疲れません。また、アイコンタクトなど非言語的要素も重要なポイントです。聞き手を配慮し、伝えようとする気持ちが大切です。特に言いたいところや文末でポーズを入れたときに、顔を上げ、目を合わせると効果的です。

　③については、まず、自分が1分間にどのぐらい話すことができるかストップウォッチなどを使って確認しておきましょう。

　④については、内容に自分らしさやユーモアを入れるなどのほかに、読み方を工夫する必要があります。また、めりはりをつけましょう。同じ速さで読まないで、強調したいところで、ゆっくり読んでみたり、前後に長いポーズを入れたり、はっきり発音したりする、また、逆に速く読むところもあるというようにすると効果的でしょう。

3. その他の注意事項

レジュメについて

　キーワードを並べる場合と文章で説明する場合があります。レジュメを用意するのはよいのですが、聞き手は発表を聞きながらレジュメを見るのは、注意が散漫になります。短い発表の場合は、フローチャートなどを書くなど、一目ではっきりわかるようにして、説明を口で加えるほうがわかりやすいでしょう。

板書・OHP・パワーポイントなど

　板書するときは、書きながら話さないこと、大きい字で要点だけ書くこと、板書の量が多い場合は先に書いて準備しておくことなどの注意が必要です。また、OHPやパワーポイントは枚数を多くしすぎないほうがいいでしょう。多くとも1分間に1枚程度までにしたいものです。

質疑応答

　質問の内容をメモすること、短く復唱して確認すること、短く返答することが大切です。わからないときにはその場で無理に答えずに、宿題にしてもらいましょう。

Ⅱ　簡単な表現を以下に挙げます。練習してみましょう。

1. 発表（基本的な表現）**CD1-44**

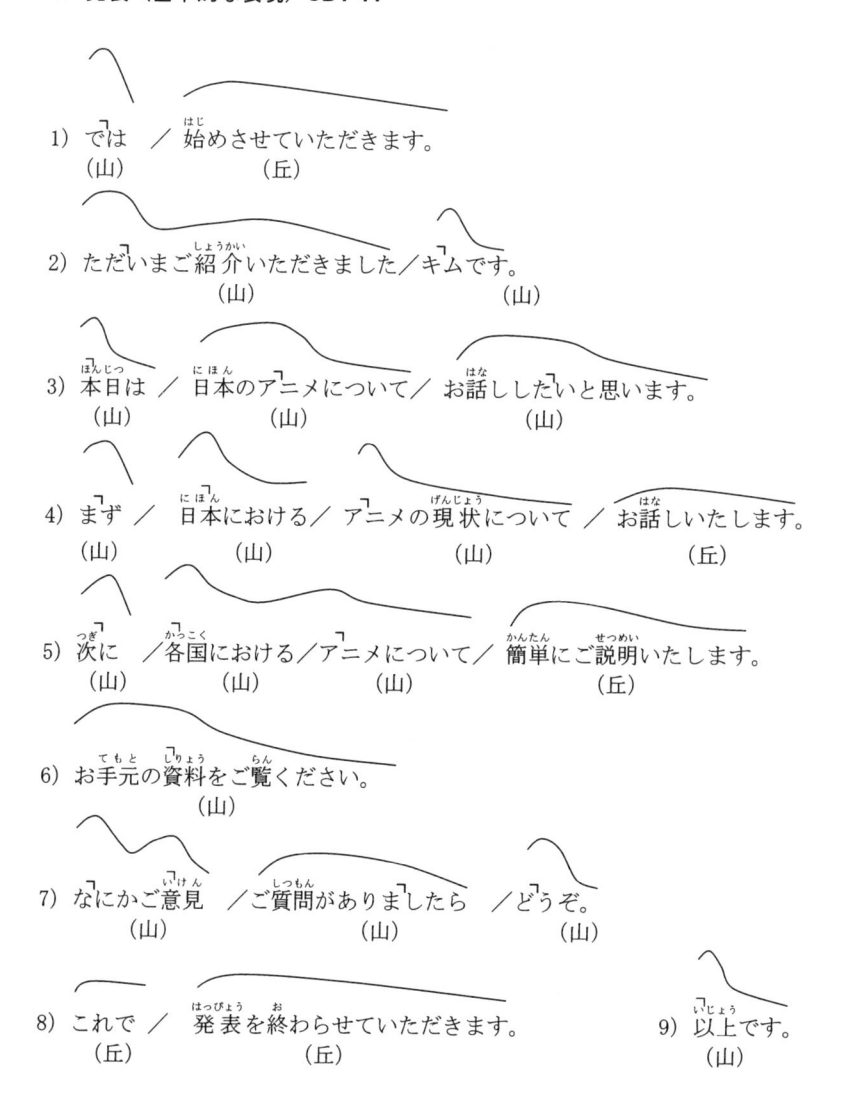

1）では／始めさせていただきます。
　　（山）　　（丘）

2）ただいまご紹介いただきました／キムです。
　　　　　　　　（山）　　　　　　（山）

3）本日は／日本のアニメについて／お話ししたいと思います。
　（山）　　　（山）　　　　　　　　（山）

4）まず／日本における／アニメの現状について／お話しいたします。
　（山）　　（山）　　　　　（山）　　　　　　　　（丘）

5）次に／各国における／アニメについて／簡単にご説明いたします。
　（山）　　（山）　　　（山）　　　　　　（丘）

6）お手元の資料をご覧ください。
　　　　　（山）

7）なにかご意見／ご質問がありましたら／どうぞ。
　　（山）　　　　（山）　　　　　　　（山）

8）これで／発表を終わらせていただきます。　9）以上です。
　（丘）　　　（丘）　　　　　　　　　　　　　　（山）

2. 発表（よくある表現）CD1-45

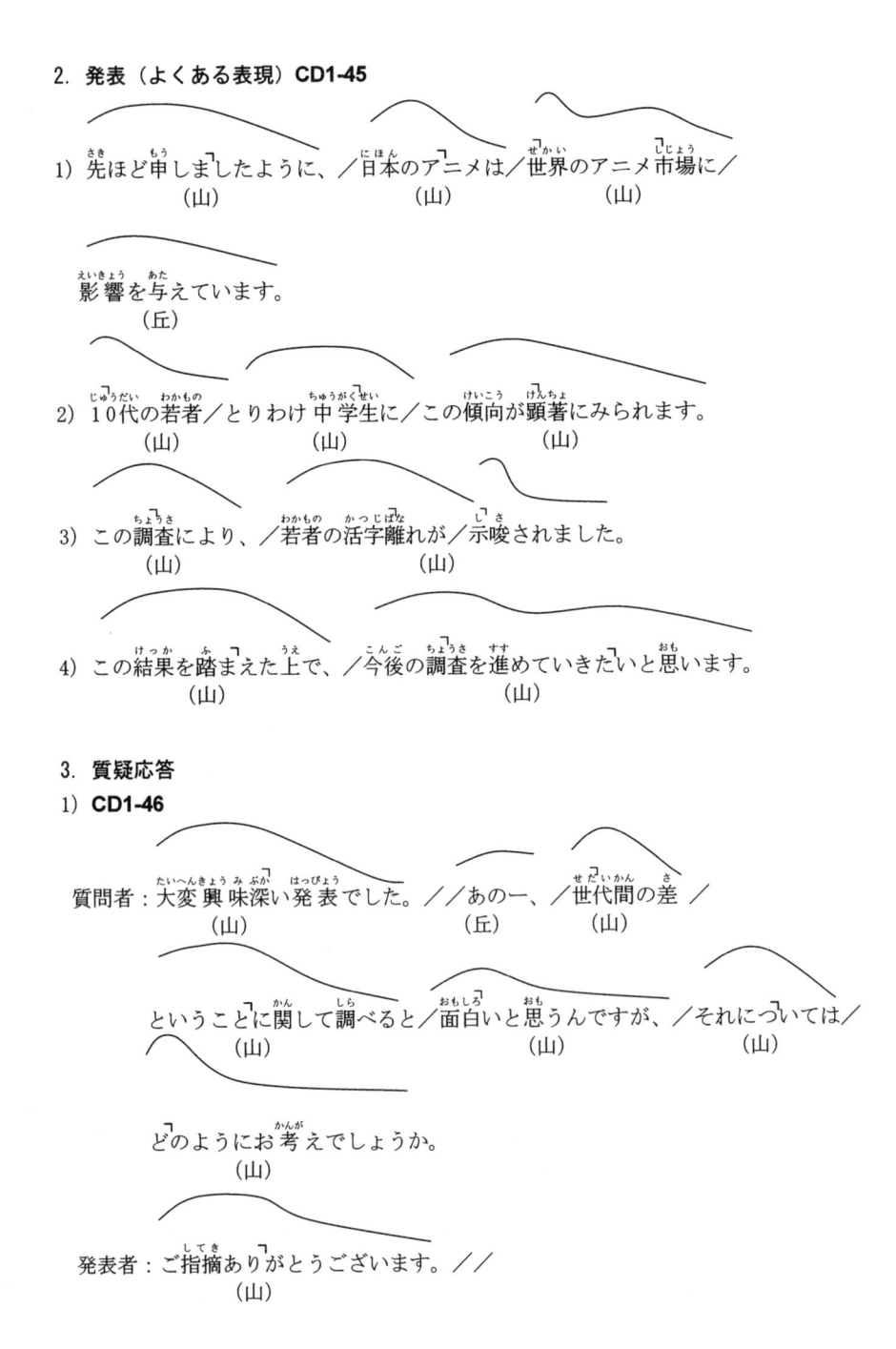

1) 先ほど申しましたように、／日本のアニメは／世界のアニメ市場に／
   　（山）　　　　　　　　　　　（山）　　　　　　（山）

   影響を与えています。
   　　（丘）

2) 10代の若者／とりわけ中学生に／この傾向が顕著にみられます。
   　（山）　　　　（山）　　　　　　（山）

3) この調査により、／若者の活字離れが／示唆されました。
   　（山）　　　　　　（山）

4) この結果を踏まえた上で、／今後の調査を進めていきたいと思います。
   　（山）　　　　　　　　　　（山）

3. 質疑応答

1) **CD1-46**

   質問者：大変興味深い発表でした。／／あのー、／世代間の差／
   　　　　（山）　　　　　　　　　　　（丘）　　（山）

   ということに関して調べると／面白いと思うんですが、／それについては／
   　（山）　　　　　　　　　　　（山）　　　　　　　　　（山）

   どのようにお考えでしょうか。
   　（山）

   発表者：ご指摘ありがとうございます。／／
   　　　　（山）

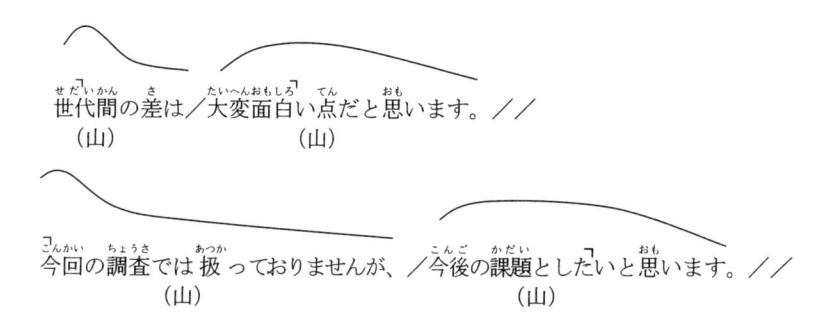

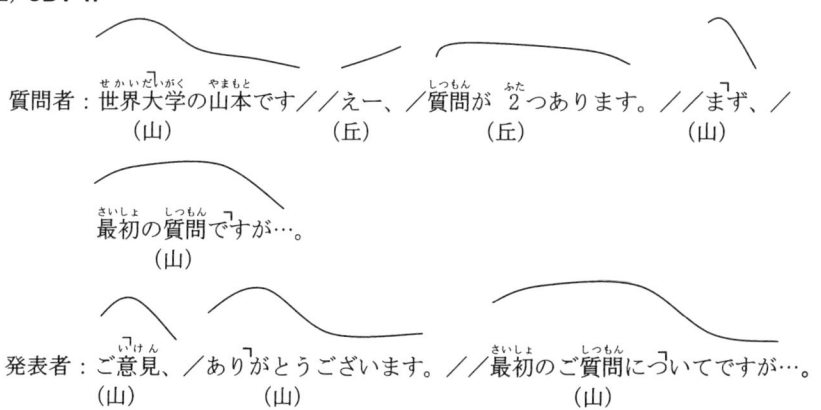

世代間の差は／大変面白い点だと思います。／／
　　(山)　　　　　(山)

今回の調査では扱っておりませんが、／今後の課題としたいと思います。／／
　　　　　(山)　　　　　　　　　　　　(山)

2) **CD1-47**

質問者：世界大学の山本です／／えー、／質問が2つあります。／／まず、／
　　　　　　(山)　　　　　　(丘)　　　(丘)　　　　　　(山)

最初の質問ですが…。
　　(山)

発表者：ご意見、／ありがとうございます。／／最初のご質問についてですが…。
　　　　(山)　　　　(山)　　　　　　　　　　　(山)

3) **CD1-48**

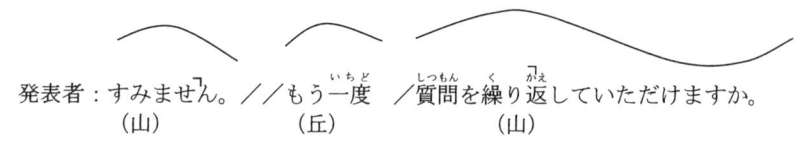

発表者：すみません。／／もう一度／質問を繰り返していただけますか。
　　　　(山)　　　　　　(丘)　　　(山)

Ⅲ　口頭発表の例を聞いてみましょう。**CD1-49**

「スピーチについて」というスピーチを聞いて内容について話し合いましょう。
1. みなさんは人前でスピーチをするとき、あがりますか？
2. 「失敗しないスピーチ」のためにどうすればいいでしょうか？

― 口頭発表へむけて ―

◇ 自己紹介発表

　お互いの自己紹介を発表し、質問しあいましょう。仲間と知り合うこと、聞き手に配慮して話すこと、伝えることが目的です。聞き手は話し手の伝えていることを聞いて、分からないところがあったら確認し、もっと知りたいことがあれば質問するなど、受け止めて返すことが大事です。対話を深めるための発音練習であるということを思い出してください。

◇ 口頭発表の原稿準備

　次の授業までに、1～2分程度の口頭発表の原稿を準備してください。他のクラスで使用したものを使用する場合、内容、文の長さなど考えてみましょう。できるだけ自分でフレージングしてみましょう。

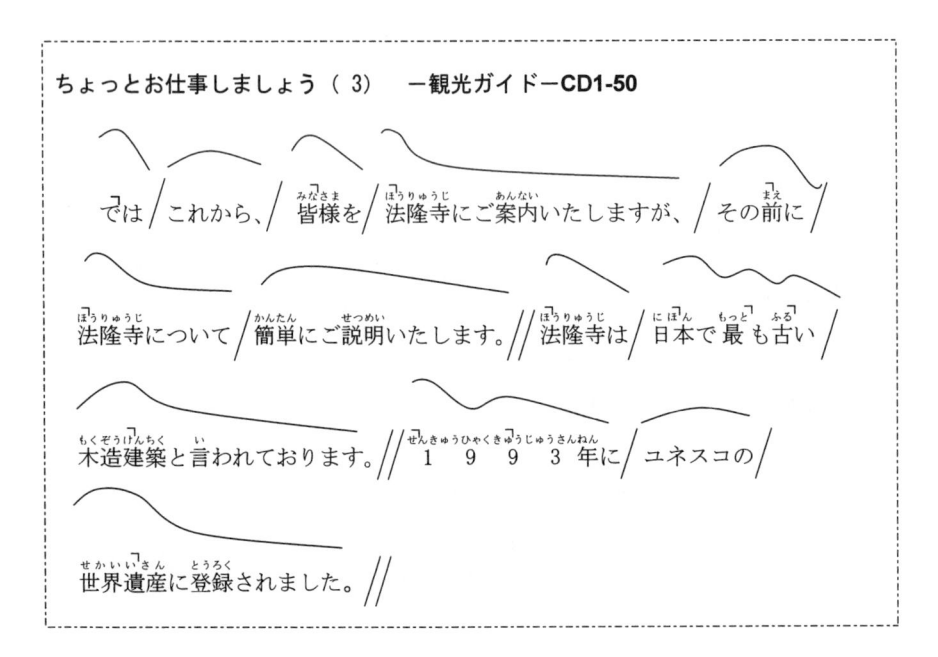

ちょっとお仕事しましょう（3）　―観光ガイド―CD1-50

では／これから、／皆様を／法隆寺にご案内いたしますが、／その前に／法隆寺について／簡単にご説明いたします。／／法隆寺は／日本で最も古い／木造建築と言われております。／／１９９３年に／ユネスコの／世界遺産に登録されました。／／

ユニット7　動詞のアクセント（1）

> **このユニットの目標**
> このユニットでは、「る」「ない」「て」など、動詞の基本的な活用のアクセントについて学習します。動詞のアクセント型の主なものは2つしかありません。ルールに従えば、活用形のアクセントがすぐにわかります。よく使う動詞で練習してみましょう。

Ⅰ　復習
1. アクセント核（⌐）をつけなさい。CD1-51

　　ロンドンだいがく　　たらこスパゲッティ　　かながわけん　　よこはまし

2. 句切り／、アクセント核（⌐）、ピッチカーブを描きなさい。CD1-52

1) にっけいしんぶんによると　　　　2) にくたいてきなねんれいだけでなく
　（日経新聞によると）　　　　　　　　（肉体的な年齢だけでなく）

Ⅱ　動詞のアクセント
1. 「〜て」「〜た」のアクセント CD1-53

音声を聞いて、アクセントマークのないものにマークを書いてみましょう。

たべてください	きいてください	かしてください
のんでください	おぼえてください	みてください
言ってください	行ってください	買ってください
勝ってください	読んでください	呼んでください

答え合わせをしてから、アクセント型で2つのグループに分けてみましょう。

動詞のアクセント型

きいてくだ￩さい
た￩べてください

上のグループの動詞は、「きいてくだ￩さい」のように、「きいて」の部分を平板に発音します。下のグループは、「た￩べてください」のように、「て」の2つ前の拍にアクセント核があります。

「〜た」のアクセントも「〜て」と同じです。　例：きいた　行った　た￩べた　み￩た

動詞のアクセント型
　動詞は、アクセント型によって2つのグループに分かれます。「きいて」のグループは**平板型動詞**、「た￩べて」のグループは**ー2型動詞**と呼ばれます。しかし、「ます」「ません」「ました」「ませんでした」の場合は、アクセント型に関わらず、「〜ま￩す」「〜ま￩せん」「〜ま￩した」「〜ま￩せんでした」と発音します。
　例：ききま￩す　　たべま￩す

コラム9　動詞のアクセント
　動詞のアクセントは、1グループ、2グループ、3グループという動詞のグループ分けとは全く関係なく、平板型であるか、ー2型であるかによって決まります。

2. 基本形のアクセント

平板型動詞の基本形は平板に発音し、－2型動詞の基本形は、語末から2つ目の拍にアクセント核があります。例：きく　た￢べる

－2型とは

語末から2つ目の拍にアクセント核があるものを－2型と呼びます。

例：ね￢こ・つく￢る・みそし￢る

アクセントマークに気をつけて、読んでみましょう。**CD1-54**

平板型：いく　　とぶ　　やる　　する　　うたう　　変える
　　　　とまる　おくる　わすれる　はたらく

－2型：く￢る　　み￢る　　おき￢る　　た￢べる　　わか￢る
　　　　ある￢く　おぼ￢える　つか￢れる　こた￢える
　　　　は￢いる*　か￢える*

　　　　　* 入る、帰るは、例外。語末から3拍目にアクセント核がある。
　　　　　　☞簡単辞書 Ⅱ動詞のアクセント型別リストを参照してください。

3.「～ない」「～ば」「～なければ」のアクセントは？

アクセントマークに気をつけて、読んでみましょう。

平板型 CD1-55

基本形	～て（た）	～ない	～ば	～なければ
いく	いって	いかない	いけ￢ば	いかな￢ければ
とまる	とまって	とまらない	とまれ￢ば	とまらな￢ければ
はたらく	はたらいて	はたらかない	はたらけ￢ば	はたらかな￢ければ

注1：平板型の「～ない」の場合、「～な￢い」も使われます。とくに「～な￢いし」「～な￢いでしょう」「～な￢いので」「～な￢いでください」などの場合は、「～な￢い」の形を使います。

注2：平板型の「～て」「～た」が「いっても、いったり」のような形で使われる場合は、「て」「た」にアクセント核が置かれます。　　☞簡単辞書　Ⅱ動詞のアクセント活用表を参照してください。

ー 2型 CD1-56

くる	きて	こない	くれば	こなければ
わかる	わかって	わからない	わかれば	わからなければ
たべる	たべて	たべない	たべれば	たべなければ
おぼえる	おぼえて	おぼえない	おぼえれば	おぼえなければ

それ以外 CD1-57

かえる（帰る）	かえって	かえらない	かえれば	かえらなければ

練習　活用表にアクセントマークをつけて読んでみましょう。マークがないところは自分でつけて読んでください。

平板型 CD1-58

基本形	～て（～た）	～ない	～ば	～なければ
ねる	ねて	ねない	ねれば	ねなければ
かう（買う）	かって	かわない	かえば	かわなければ
つかう	つかって	つかわない	つかえば	つかわなければ
あげる	あげて	あげない	あげれば	あげなければ
わすれる	わすれて	わすれない	わすれれば	わすれなければ
はじめる	はじめて	はじめない	はじめれば	はじめなければ

－２型 CD1-59

基本形	～て（～た）	～ない	～ば	～なければ
みる	みて	みない	みれば	みなければ
かく	かいて	かかない	かけば	かかなければ
はしる	はしって	はしらない	はしれば	はしらなければ
いそぐ	いそいで	いそがない	いそげば	いそがなければ
つかれる	つかれて	つかれない	つかれれば	つかれなければ
よろこぶ	よろこんで	よろこばない	よろこべば	よろこばなければ

4. 複合動詞 CD1-60

あるきすぎる	とびこむ	よみつづける

複合動詞のアクセントは、前の動詞のアクセント核が消え、－２型になります。

😊 ここでちょっと口の体操！ CD1-61

誰が誰にどんな気持ちで言っているのでしょう？母国語でも言ってみましょう。

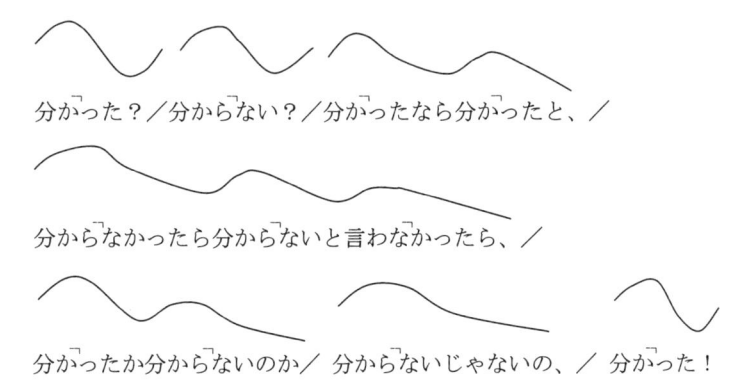

分かった？／分からない？／分かったなら分かったと、／

分からなかったら分からないと言わなかったら、／

分かったか分からないのか／分からないじゃないの、／分かった！

Ⅲ　フレージングしよう

1. **短文（句）でフレージングしてみよう CD1-62**

　フレーズの句切り／、アクセントマーク（⌐）、ピッチカーブを描いてフレージングしましょう。アクセント辞典を使いましょう。動詞の活用形のアクセントについては簡単辞書を見てください。

1) シーディーをきいたりすることが
　（CDを聞いたりすることが）

2) ちょうしょくをたべないこどもがおおい
　（朝食を食べない子どもが多い）

3) まいにちさんじゅっぷんあるけばやせるでしょう
　（毎日30分歩けばやせるでしょう）

4) はたらかなければならないとかんがえないひともいる
　（働かなければならないと考えない人もいる）

2. 長文でフレージングしてみよう

　第二部の 3「「年齢は頭の若さで測る」を読んで（前半）」のフレージングをしてみましょう。

【解答と解説】

Ⅰ
1. ロンドンだ⌐いがく　　たらこスパゲ⌐ッティ　　かながわ⌐けん　　よこはま⌐し
2.
1) にっけいし⌐んぶんによると
　　　　（山）

2) にくたいてきなねんれい⌐だけでなく
　　　　（山）

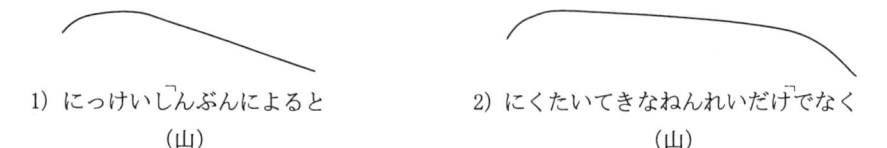

48

Ⅱ 1.

たべてください　　　きいてください　　　かしてください
のんでください　　　おぼえてください　　みてください
言ってください　　　行ってください　　　買ってください
勝ってください　　　読んでください　　　呼んでください

きいてください　　かしてください　　言ってください　　行ってください
買ってください　　呼んでください

たべてください　　のんでください　　おぼえてください　　みてください
勝ってください　　読んでください

練習　平板型

基本形	～て（～た）	～ない	～ば	～なければ
ねる	ねて	ねない	ねれば	ねなければ
かう（買う）	かって	かわない	かえば	かわなければ
つかう	つかって	つかわない	つかえば	つかわなければ
あげる	あげて	あげない	あげれば	あげなければ
わすれる	わすれて	わすれない	わすれれば	わすれなければ
はじめる	はじめて	はじめない	はじめれば	はじめなければ

一 2型

基本形	～て（～た）	～ない	～ば	～なければ
みる	みて	みない	みれば	みなければ
かく	かいて	かかない	かけば	かかなければ
はしる	はしって	はしらない	はしれば	はしらなければ
いそぐ	いそいで	いそがない	いそげば	いそがなければ
つかれる	つかれて	つかれない	つかれれば	つかれなければ
よろこぶ	よろこんで	よろこばない	よろこべば	よろこばなければ

Ⅲ　1.

1) シーディーをきいたりすることが
　　　　　　　　　（山）

2) ちょうしょくを（／）たべないこどもが（／）おおい
　　　　　　　　　（山）

3) まいにち／さんじゅっぷんあるけば／やせるでしょう
　　（山）　　　　（山）　　　　　（山）

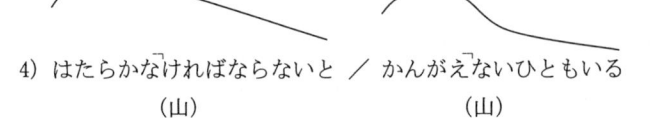

4) はたらかなければならないと／かんがえないひともいる
　　　　　（山）　　　　　　　　　（山）

コラム10 「人(ひと)」のアクセント **CD1-63**

「人」のアクセントはバリエーションがあります。修飾語が付くか付かないかでも違います。

例：「ひとがいる」（平板型）　「いなかのひとは」（尾高型）　「行くひとは」（尾高型）
　　「あのひとは」

—口頭発表へむけて—

◇　口頭発表フレージング

原稿をチェックしてもらったら、自分でフレージングをして発音練習をしましょう。自己紹介と同様に次の授業までに１回目録音をしてきてください。最終授業の口頭発表会で発表するのを目標としましょう。

ユニット 8　動詞のアクセント（2）

> **このユニットの目標**
> このユニットでは、可能形、使役形、受身形、縮約形の動詞のアクセントについて学習します。平板型動詞は、可能形や受身形でも平板型、－2型動詞は、可能形や受身形でも－2型です。縮約形はよく使いますので、自然に正しいアクセントで言えるようによく練習しましょう。

Ⅰ　復習
1. 活用形のアクセントを書きなさい CD1-64

うたう	うたって	うたわない	うたえば	うたわなければ
わかる	わかって	わからない	わかれば	わからなければ
たべる	たべて	たべない	たべれば	たべなければ

Ⅱ　動詞のアクセント
1. 縮約形

アクセントマークに気をつけて、読んでみましょう。「っ」のような特殊拍はフットというまとまりを意識して読みましょう（**コラム11参照**）。

平板型 CD1-65

いってしまった	いっちゃった	いかなくなってしまった	いかなくなっちゃった
やってしまった	やっちゃった	やらなくなってしまった	やらなくなっちゃった

－2型 CD1-66

きてしまった	きちゃった	こなくなってしまった	こなくなっちゃった

わかってしまった	わかっちゃった	わからなくなってしまった	わからなくなっちゃった
たべてしまった	たべちゃった	たべなくなってしまった	たべなくなっちゃった

2. 可能・受身・使役

アクセントマークに気をつけて、読んでみましょう。

平板型　なく／きめる　CD1-67

可能	なける	なけた	なけない	なければ
	きめられる	きめられた	きめられない	きめられれば
受身	なかれる	なかれた	なかれない	なかれれば
	きめられる	きめられた	きめられない	きめられれば
使役	なかせる	なかせた	なかせない	なかせれば
	きめさせる	きめさせた	きめさせない	きめさせれば

－2型　よむ／たべる　CD1-68

可能	よめる	よめた	よめない	よめれば
	たべられる	たべられた	たべられない	たべられれば
受身	よまれる	よまれた	よまれない	よまれれば
	たべられる	たべられた	たべられない	たべられれば
使役	よませる	よませた	よませない	よませれば
	たべさせる	たべさせた	たべさせない	たべさせれば

> 動詞の可能形・受身形・使役形のアクセントは、もとの動詞が平板型であれば平板型に、－2型であれば－2型に活用する。

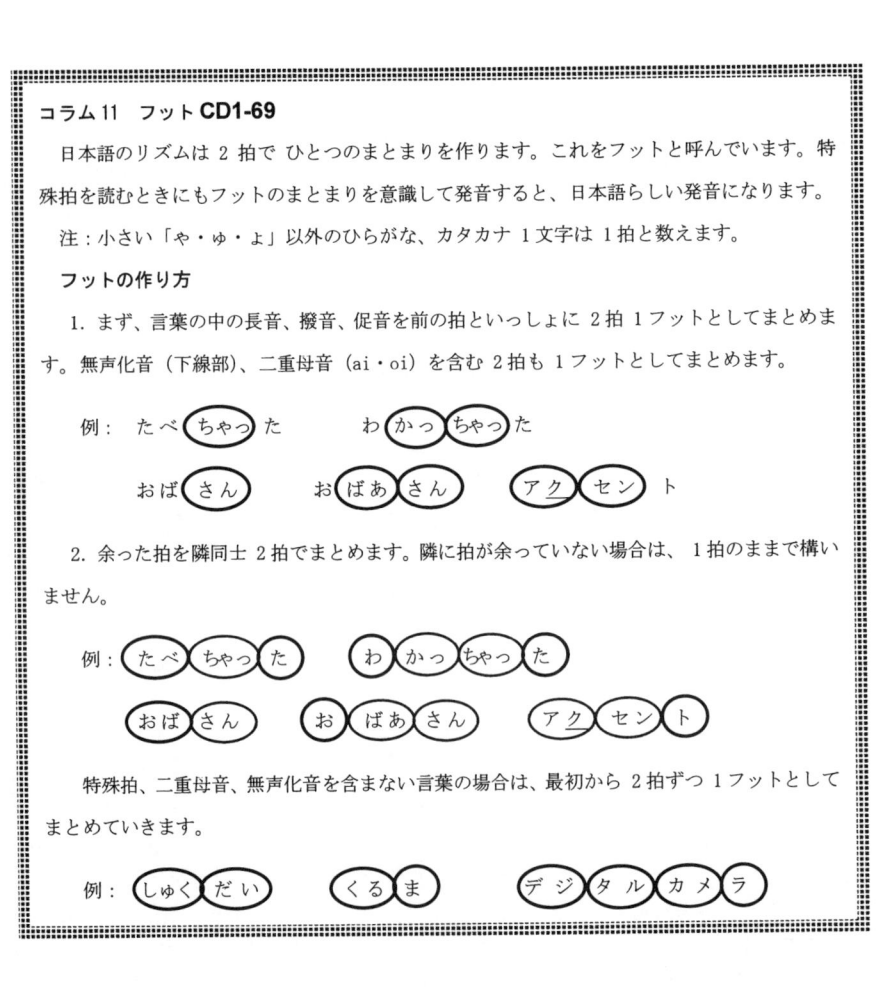

コラム11　フット **CD1-69**

　日本語のリズムは2拍でひとつのまとまりを作ります。これをフットと呼んでいます。特殊拍を読むときにもフットのまとまりを意識して発音すると、日本語らしい発音になります。

　注：小さい「ゃ・ゅ・ょ」以外のひらがな、カタカナ1文字は1拍と数えます。

フットの作り方

1. まず、言葉の中の長音、撥音、促音を前の拍といっしょに2拍1フットとしてまとめます。無声化音（下線部）、二重母音（ai・oi）を含む2拍も1フットとしてまとめます。

　例：　た べ(ちゃっ)た　　わ(かっ)(ちゃっ)た

　　　　お ば(さん)　　お ば あ(さん)　　(アク)セ ン ト

2. 余った拍を隣同士2拍でまとめます。隣に拍が余っていない場合は、1拍のままで構いません。

　例：　(た べ)(ちゃっ)た　　わ(かっ)(ちゃっ)た

　　　　(お ば)(さん)　　お(ば あ)(さん)　　(アク)(セ ン)ト

　特殊拍、二重母音、無声化音を含まない言葉の場合は、最初から2拍ずつ1フットとしてまとめていきます。

　例：　(しゅく)(だい)　　(くるま)　　(デジ)(タル)(カメ)ラ

😊 ここでちょっと口の体操！　早口言葉 CD1-70

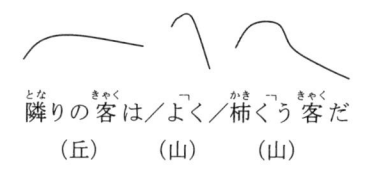

隣りの客は／よく／柿くう客だ
（丘）　　（山）　　（山）

Ⅲ　フレージングしよう CD1-71
1. 短文（句）でフレージングしてみよう

　フレーズの句切り／、アクセントマーク（⌐）、ピッチカーブを描いてフレージングしましょう。アクセント辞典を使いましょう。

1）ふまんがおおくきかれたとのべられています
　　（不満が多く聞かれたと述べられています）

2）たべすぎないようきをつけてください
　　（食べすぎないよう気をつけてください）

3）みちがわからなくなっちゃったんです
　　（道がわからなくなっちゃったんです）

4）こどもにはよませないでください
　　（子どもには読ませないでください）

2. 長文でフレージングしてみよう

第二部の4「年齢は頭の若さで測る」を読んで（後半）」のフレージングをしてみましょう。

Ⅳ 品詞別アクセント型

・全体では

 2拍語：頭高型が70%以上（来る、本、いい）

 3拍語：平板型が50%弱（りんご、厚い、甘い、変える、歌う）

    頭高型は40%位（緑、みかん、返す）

 4拍語：平板型が70%弱（働く、東京、大学、地下鉄、明るい）

・名詞のアクセント

 3拍、4拍の名詞には平板型が多い。

・動詞のアクセント

 ほとんどが－2型か平板型である。ただし、「かえる（帰る）、はいる、まいる、もうす、かえす、とおる、とおす」は－3型である。

・イ形容詞のアクセント

 動詞と同様、ほとんどが－2型か平板型である。文末では平板型が－2型で発話されることが多く、揺れがあるので注意が必要である。ただし、「おおい」は－3型である。

【解答と解説】

Ⅰ 1.

うたう	うたって（た）	うたわない	うたえば	うたわなければ
わかる	わかって（た）	わからない	わかれば	わからなければ
たべる	たべて（た）	たべない	たべれば	たべなければ

Ⅲ　フレージングしよう

1. 短文（句）でフレージングしてみよう

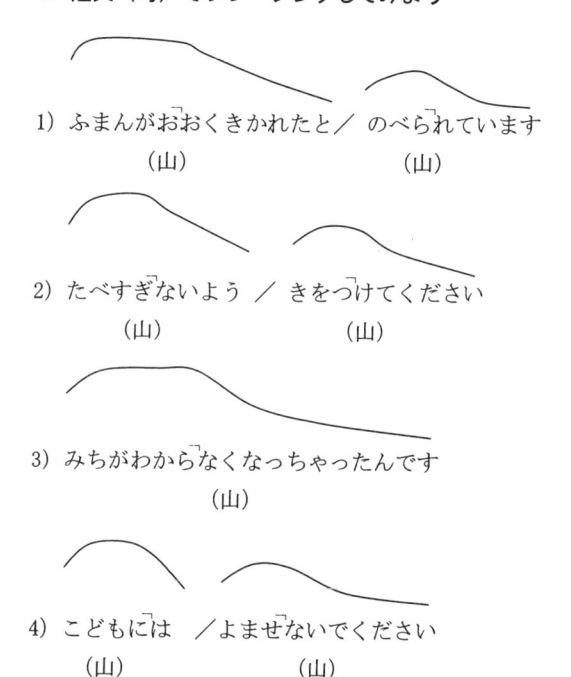

1) ふまんがおおくきかれたと／のべられています
　　　　（山）　　　　　　　　（山）

2) たべすぎないよう　／　きをつけてください
　　　　（山）　　　　　　（山）

3) みちがわからなくなっちゃったんです
　　　　　（山）

4) こどもには　／よませないでください
　　　（山）　　　　（山）

注：2) は「きをつけて」と聞こえるかもしれません。これは無声化という現象のためです（**コラム 12** 参照）。

― 口頭発表へむけて ―

◇　口頭発表個別指導

個別指導が終わったら、2度目の録音をしましょう。

ちょっとお仕事しましょう（4）　ーホテルのフロントーCD1-72

フロント：はい。／／エアポートホテルでございます。／／

客：ちょっと伺いたいんですけど、／そちらに泊まった場合、／空港まで／歩いていけますか？／／

フロント：お荷物がなければ／歩いてでもいけますが、／お荷物がある場合は／無料の／シャトルバスを／ご用意いたしております。／／

ユニット 9　外来語のアクセント

> **このユニットの目標**
> 　外来語は、もとは外国語ですが、カタカナで書かれた瞬間からもうそれは日本語です。外来語の発音が苦手という人は多いと思いますが、このユニットでは、アクセントにまで気をつけて、日本人にとって聞きやすい発音になるように練習します。外来語のアクセントは、かなり規則性があるので、覚えやすいでしょう。

I　復習　アクセントマークを書きなさい
平板型 CD1-73

可能	なける	なけた	なけない	なければ
受身	なかれる	なかれた	なかれない	なかれれば
使役	なかせる	なかせた	なかせない	なかせれば

－2型 CD1-74

可能	よめる	よめた	よめない	よめれば
受身	よまれる	よまれた	よまれない	よまれれば
使役	よませる	よませた	よませない	よませれば

II　外来語のアクセント
1. 外来語のアクセント傾向

> a. 後ろから3拍目にアクセント核を置くこと（－3型）が多い。
> b. ただし、その拍が特殊拍や無声化している場合、二重母音の場合は、そのひとつ前の拍にアクセント核を置くことが多い。

注：無声化については、**コラム 12** を参照してください。

コラム 12　母音の無声化　CD1-75

　母音 i と u は、無声子音にはさまれると、i, u の発音が無声化して聞こえにくくなります。例えば、あした（ashita）の i は sh と t という無声子音にはさまれていますので、i の音が無声化します。くすり（kusuri）の u も k と s にはさまれているので無声化します。また、文末の「です（desu）」「ます（masu）」の u も無声化することが多いです。

　次の言葉の下線部を無声化して、読んでみましょう。

　　　ひとつ　　　　ふたつ　　　　しかし　　　　たくさん　　　　ちかてつ
　　　いきました　　すずきさん　　アクセント　　パスポート

---

a. 読んでみましょう。アクセントマークがない場合は、自分でつけてから読んでみましょう。**CD1-76**

　　バナナ　　　　チョコレート　　　アイスクリーム　　　サンドイッチ

　　パスポート　　アジア　　　　アルバイト　　　デパート　　　レポート

　　デザイン　　　ヨーロッパ　　　スピーチ　　　ストレス　　　エゴイズム

　　ナショナリズム　　インフルエンザ　　ニュース

b. 読んでみましょう。アクセントマークがない場合は、自分でつけてから読んでみましょう。**CD1-77**

　　コンピューター　　マンション　　カップル　　リサイクル　　システム

　　エレベーター　　アニメーション　　インスピレーション

　　ボランティア　　イラストレーター　　グローバル　　ラーメン

　　スーパー　　アップル

2. 平板型の外来語

・縮約語 **CD1-78**

パソコン	インフレ	リ<u>ス</u>トラ	デジカメ
ファミレス	コンビニ	セクハラ	バイト
イラ<u>ス</u>ト	フリーター	ハイテク	リモコン

注：カタカナ語に限らず、ほとんどの縮約語は、平板型です（例：国連・東大）

・4拍語が多い **CD1-79**

アメリカ	メキ<u>シ</u>コ	エジプト	イタリア	イギリス
フランス	ベトナム	アフリカ	アラビア	キャンベラ
モ<u>ス</u>クワ	ワイ<u>キ</u>キ	ベルリン	アルバム	テーブル
フレーズ	<u>ス</u>ピード	ジョギング	<u>ス</u>テレオ	アイロン

他には、どんな外来語があるでしょう。よく使うと思う外来語をアクセント辞典で調べてみましょう。

[　　　　　　　　　　　　　　　　　　　　　　　　　　　　　　　　]

コラム13　専門家アクセント **CD1-80**

ある分野の専門家集団の中では、専門用語を平板型で発音する傾向があります。これは外来語にも見られる現象です。

例：モニター（モ￢ニター）　　アダプター（アダ￢プター）　　ツール（ツ￢ール）
　　レポート（レ￢ポート）　　ギター（ギ￢ター）　　ドラム（ド￢ラム）
　　アニメ（ア￢ニメ）　　ネット（ネ￢ット）＊

＊「ネット」と「ネ￢ット」では意味が違います。「ネット」は「インターネット」の意味ですが、「ネ￢ット」は「網」を表します。

3. 例外　CD1-81

　　ブルー　　　　スキー　　　　コーヒー　　　　シーディー

　　エネルギー　　アクシデント　アクセント　　　トレーニング

　　アンケート　　アレルギー　　エコロジー　　　テクニック

　　アクティブ　　ビジネス　　　レストラン　　　プレゼント

4. カタカナの複合語　CD1-82

複合語のアクセントルールを適用します。

　　スポーツウェア　　サブカルチャー　　アットホーム　　アットマーク

　　アップデート　　　メールアドレス　　アフターサービス

　　インスタントラーメン　　インターナショナル　　インターネット

　　ホームページ　　マイホーム　　ベストセラー　　キーワード

😊　ここでちょっと口の体操！　早口言葉　CD1-83

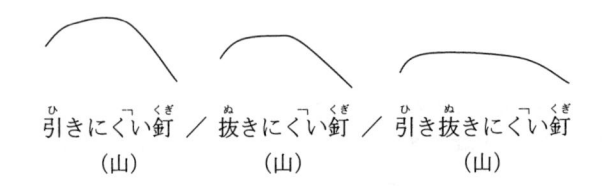

引きにくい釘　／　抜きにくい釘　／　引き抜きにくい釘
　　（山）　　　　　（山）　　　　　　（山）

Ⅲ　フレージングしよう

1. 短文（句）でフレージングしてみよう　CD1-84

1) アメリカでは　　　　　　　　　　2) テレビをみました

3) シーディーをきいたりすることが　　　4) ごじゅっパーセント（50%）

5) あきびんのリサイクルをする　　　　6) オーストラリアからきました

2. **長文でフレージングしてみよう**

　第二部の 5「学級崩壊についてのテレビを見て（前半）」のフレージングをしてみましょう。

【解答と解説】

I　平板型

可能	なける	なけた	なけない	なければ
受身	なかれる	なかれた	なかれない	なかれれば
使役	なかせる	なかせた	なかせない	なかせれば

－2型

可能	よめる	よめた	よめない	よめれば
受身	よまれる	よまれた	よまれない	よまれれば
使役	よませる	よませた	よませない	よませれば

II　1.

a. デザイン　　ヨーロッパ　　スピーチ　　ストレス　　エゴイズム

　ナショナリズム　　インフルエンザ　　ニュース

63

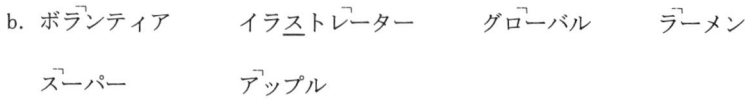

b. ボランティア　　イラストレーター　　グローバル　　ラーメン

　　スーパー　　アップル

Ⅲ　1.

1) アメリカでは
　　　（山）

2) テレビをみました
　　　（山）

3) シーディーをきいたりすることが
　　　　　　（山）

4) ごじゅっパーセント
　　　　（山）

5) あきびんのリサイクルをする
　　　　　（山）

6) オーストラリアからきました
　　　　　（山）

― 口頭発表へむけて ―

◇　自由課題

　口頭発表練習はそれぞれのペースで進めてください。
　自由課題は、コース終了後の自律学習にも役立ちます。それぞれ好きな課題を選んで原稿を書き、今までのようにフレージングをして発音練習をしましょう。そのときに、オリジナル音声を聞きながらシャドーイング（重ねるようにリピートする）すると効果的です。ニュース、ドラマ、映画、自分で作ったもの、課題はなんでも構いません。

ユニット10　イ形容詞のアクセント

> **このユニットの目標**
> このユニットでは、イ形容詞のアクセントについて学びます。イ形容詞のアクセントにはバリエーションがあり、皆さんもここで学ぶルール以外の発音を聞いたことがあるかもしれませんが、まずは簡単なルールを覚え、あとは、周りの人の発音をよく観察しましょう。

Ⅰ　復習
1. 外来語は、後ろから（　　　　）拍目にアクセント核が来る傾向がある。ただし、その拍が特殊拍、無声化音、二重母音である場合は、（　　　　　　　）の拍にアクセント核を置く。

2. アクセントマークを書いてください。**CD2-1**

デパート　　バナナ　　ベトナム　　カップル　　カレンダー

コンビニ　　アフリカ　　イタリア　　アクセント　　バドミントン

コミュニケーション　　コーヒー

Ⅱ　イ形容詞のアクセント型
1. アクセント型の種類　**CD2-2**

> イ形容詞のアクセント型は2つあります。平板型と−2型です。
> 2つのアクセント型は、後ろに名詞が来た場合に、はっきりと現れます。
> 　例　平板型：あかいはなが（名詞の前では平板型に発音します）
> 　　　−2型：あおいはなが

練習　アクセントマークの通りに読んでみましょう。**CD2-3**
　平板型：あまいおかしが　　やさしいひとが　　かなしいはなしが
　　　　　つめたいみずが　　くらいへやが

－２型：わかいひとが　　　たかいふくが　　　　ひくいたてものが
　　　　いいほうほうが　　　たのしいことが

☞簡単辞書　Ⅲイ形容詞のアクセント型別リストを参照してください。

2. 活用形のアクセント CD2-4

「〜いです」、「〜い」（後ろに名詞が来るとき以外）、「〜くて」、「〜くない」、「〜かった」の形は、平板型イ形容詞も－２型イ形容詞も、「〜いです」「〜い」「〜くて」「〜くない」「〜かった」と発音します。つまり、語幹（網掛け部分）の終わりにアクセント核があります。

例　平板型：あかいです・あかい・あかくて・あかくない・あかかった
　　－２型：あおいです・あおい・あおくて・あおくない・あおかった

注：「あかくない」は「あかくない」を使う人も多いようです。

練習　アクセントマークの通りに読んでみましょう。CD2-5~6

	〜です	〜い。	〜くて	〜くない	〜かった
平板型	あまいです	あまい	あま<u>く</u>て	あまくない	あまかった
	あかるいです	あかるい	あかる<u>く</u>て	あかるくない	あかるかった
－２型	わかいです	わかい	わか<u>く</u>て	わかくない	わかかった
	さびしいです	さびしい	さび<u>し</u>くて	さび<u>し</u>くない	さび<u>し</u>かった

注：下線を引いた音は、無声化しましょう。「さびしい」のように、「〜しい」で終わる形容詞は、「くて・くない・かった」の形の場合、アクセント核のある「し」が無声化しますので、アクセントがひとつ前にずれて聞こえます。モデル音声をよく聞いて、真似してみましょう（**コラム 12** の母音の無声化参照）。

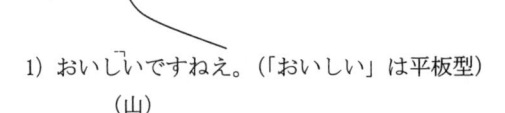

1) おいしいですねえ。（「おいしい」は平板型）
　　（山）

2) おい＿かったです。
　　　　　（山）

3) よ￣かったですね。（「いい」は－2型）
　　　　　（山）

4) かる￣いし、／つかいやす￣いですよ。（「軽い」は平板型、「使いやすい」は－2型）
　　　（山）　　　　　（山）

5) ひとがおお￣いです。（「おおい」は例外。長音なのでひとつ前にずれて－3型）
　　　　　（山）

3.「～くなる」のアクセント CD2-7

平板型は「～くな￣る」、－2型は「～￣くなる」
　例　平板型：あかくな￣る
　　　－2型：あお￣くなる

練習　アクセントマークのとおりに読んでみましょう。**CD2-8**

1) よ￣くなりました。（－2型）
　　（山）

2) さび＿くなりますね。（－2型）
　　　　（山）

3) ねむくなってしまいました。(平板型)　　4) あかくなってしまった。(平板型)
　　　　（山）　　　　　　　　　　　　　　　（山）

> **コラム14　イ形容詞アクセントの規範的なルールと簡単なルール**
> 　このユニットの初めに書いたように、イ形容詞のアクセントには、バリエーションがあります。実は、今まで皆さんが見てきたものは、最近の傾向を採り入れた簡単なルールで、アクセント辞典などに載っている規範的なルールとは違います。付録の簡単辞書には、規範的なルールも載せましたので参考にしてください。2行にわたって書いてあるもののうち、上の行が規範的なルール、下の行が簡単なルールです。

4. 複合形容詞のアクセント型 CD2-9

複合形容詞は、−2型になります。アクセント核に気をつけて発音してみましょう。

かなしい	ものがなしい		ぬるい	なまぬるい
まるい	まんまるい		つよい	ちからづよい

5. 名詞化した場合のアクセント型 CD2-10

あまい	あまさ	あまみ		わかい	わかさ
あかるい	あかるさ	あかるみ		わかわかしい	わかわかしさ

III　ナ形容詞のアクセント

　ナ形容詞のアクセント型は、名詞と同じように4種類です。名詞と違うところは、活用があることです。「名詞+です」の場合にも、ナ形容詞の活用と同じように活用します。

☞ 簡単辞書　IVナ形容詞活用表を参照してください。

頭高型 CD2-11

基本形	〜だ/です	〜じゃない	〜だった	〜で	〜になる
きれいな	きれいだ	きれいじゃない	きれいだった	きれいで	きれいになる

中高型 CD2-12

基本形	〜だ/です	〜じゃない	〜だった	〜で	〜になる
にぎやかな	にぎやかだ	にぎやかじゃない	にぎやかだった	にぎやかで	にぎやかになる

平板型 CD2-13

基本形	〜だ/です	〜じゃない	〜だった	〜で	〜になる
ひまな	ひまだ	ひまじゃない	ひまだった	ひまで	ひまになる

尾高型 CD2-14

基本形	〜だ/です	〜じゃない	〜だった	〜で	〜になる
すきな	すきだ	すきじゃない	すきだった	すきで	すきになる

😊 ここでちょっと口の体操！　早口言葉 CD2-15

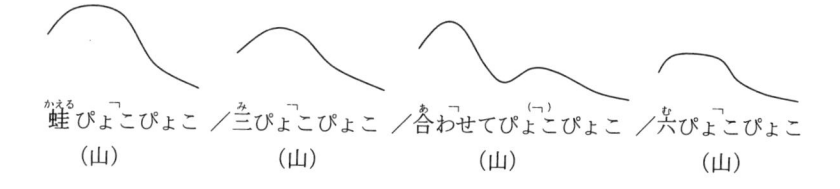

蛙（かえる）ぴょこぴょこ／三（み）ぴょこぴょこ／合（あ）わせてぴょこぴょこ／六（む）ぴょこぴょこ
（山）　　　　　　（山）　　　　　　（山）　　　　　　（山）

Ⅳ フレージングしよう CD2-16

1. 短文（句）でフレージングしてみよう

☞形容詞のアクセント型は簡単辞書Ⅲを参照してください。

1) いいてんきですね
   (いい天気ですね)

2) つめたいみずをください
   (冷たい水をください)

3) いま、よろしいでしょうか
   (今、よろしいでしょうか)

4) もうおそいから、しつれいします
   (もう遅いから失礼します)

5) きのうはひまでした
   (昨日は暇でした)

6) あなたがすきです
   (あなたが好きです)

2. 長文でフレージングしてみよう

第二部の 6「学級崩壊についてのテレビを見て（後半）」のフレージングをしてみましょう。

【解答と解説】

Ⅰ　1. 外来語は後ろから（　3　）拍目にアクセント核が来る傾向がある。ただし、その拍が特殊拍、無声化音、二重母音である場合は、（　そのひとつ前　）の拍にアクセント核を置く。

2. デパート　　バナナ　　ベトナム　　カップル　　カレンダー

コンビニ　　アフリカ　　イタリア　　ア⌒ク⌒セント　　バドミントン
コミュニケ⌒ーション　　コ⌒ーヒ⌒ー

Ⅲ　1.

1) い⌒いてんきですね
　　　（山）

2) つめたいみ⌒ずをくださ⌒い
　　　　　（山／丘）

3) い⌒ま／よろし⌒いでしょうか
　（山）　　（山）

4) もうおそ⌒いから／しつれいします
　　　（山）　　　　（山）

5) きの⌒うは／ひま⌒でした
　（山）　　（山）

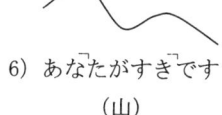

6) あな⌒たがすき⌒です
　　　（山）

コラム15　「きのう」と「きのうは」CD2-17

「きのう」が名詞の場合は中高型「きの⌒う」であり、「きのう、家にいました」のように副詞として使われる場合は、平板型となります。また、「いちばん」「いっぱい」「おおぜい」なども副詞と名詞でアクセントが異なるので注意が必要です。

　　　　　　　　名詞　　　　　　　　　　　　　　副詞
　　　「山田さんがいち⌒ばんです」　　　　「いち⌒ばん好きです」
　　　「水をい⌒っぱい飲みました」　　　　「おかしをい⌒っぱい食べました」
　　　「おおぜ⌒いの人が来ました」　　　　「人がおおぜ⌒いいます」

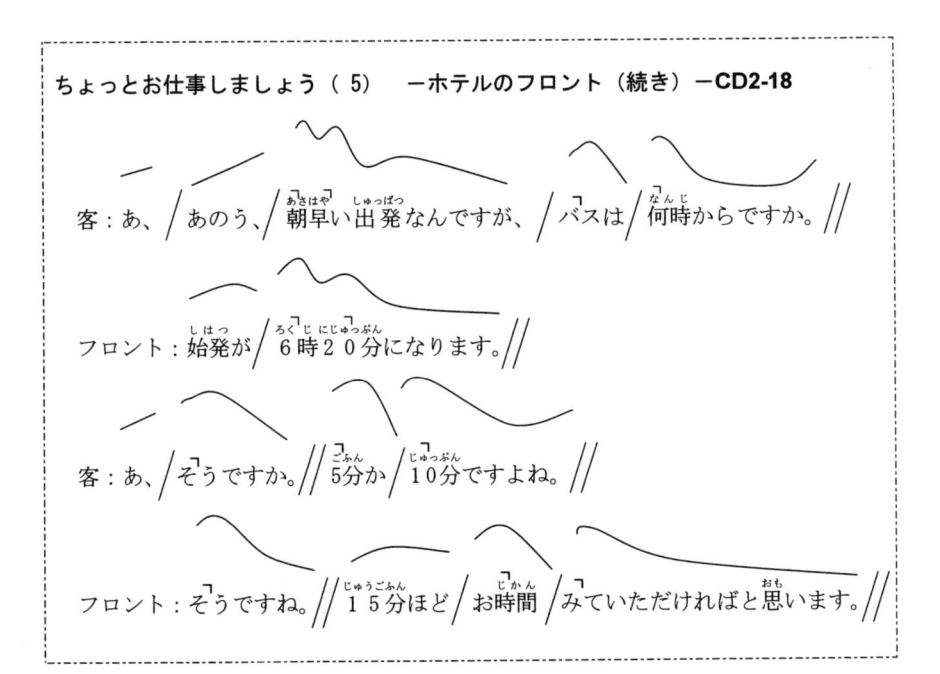

ちょっとお仕事しましょう（5）　ーホテルのフロント（続き）ーCD2-18

客：あ、／あのう、／朝早い出発なんですが、／バスは／何時からですか。//

フロント：始発が／6時20分になります。//

客：あ、／そうですか。//5分か／10分ですよね。//

フロント：そうですね。//15分ほど／お時間／みていただければと思います。//

ユニット11　数字のアクセント

> **このユニットの目標**
> 　数字はよく使うだけに、間違った発音は目立つものです。意味が間違って伝わると困ることも多いと言えます。自信を持って、数字が言えるようになるのが目標ですが、覚えるのはなかなか大変です。このユニットでは、数字、年月日のアクセントの学習をするとともに、必要なときに、簡単辞書を活用できるように、使い方の練習をします。

I　復習 CD2-19
句切り、アクセント核、ピッチカーブを描いてフレージングしなさい。

1) かるいし、つかいやすいですよ
　　（軽いし、使いやすいですよ）

2) つめたいみずをください
　　（冷たい水をください）

3) いま、よろしいでしょうか
　　（今、よろしいでしょうか）

4) ねむくなってしまいました
　　（眠くなってしまいました）

II　助数詞のアクセント　アクセントマークに気をつけて、読んでみましょう。
1. 数える　CD2-20

いちです	にです	さんです	しです （よん）
ごです	ろくです	しちです （なな）	はちです
きゅうです	じゅうです	じゅういちです	じゅうにです
じゅうさんです	じゅうしです	じゅうごです	じゅうろくです

じゅうしちです	じゅうはちです	じゅうくです (じゅうきゅう)	にじゅうです
にじゅういちです	にじゅうにです	さんじゅうです	さんじゅうさんです
よんじゅうです	よんじゅうよんです	ごじゅうです	ごじゅうごです
ろくじゅうです	ろくじゅうろくです	ななじゅうです	ななじゅうななです
はちじゅうです	はちじゅうはちです	きゅうじゅうです	きゅうじゅうきゅうです

注:「です」をつけて、平板型か尾高型か確認してください。

2. ～月 CD2-21

いちがつです	にがつです	さんがつです	しがつです
ごがつです	ろくがつです	しちがつです	はちがつです
くがつです	じゅうがつです	じゅういちがつです	じゅうにがつです

注:「にがつ」と「しがつ」は頭高型で発音する人もいます。

3. ～日 CD2-22

ついたちです	ふつかです	みっかです	よっかです
いつかです	むいかです	なのかです	ようかです
ここのかです	とおかです	じゅういちにちです	じゅうににちです
じゅうさんにちです	じゅうよっかです	じゅうごにちです	じゅうろくにちです
じゅうしちにちです	じゅうはちにちです	じゅうくにちです	はつかです
にじゅういちにちです	にじゅうににちです	にじゅうさんにちです	にじゅうよっかです
にじゅうごにちです	にじゅうろくにちです	にじゅうしちにちです	にじゅうはちにちです
にじゅうくにちです	さんじゅうにちです	さんじゅういちにちです	

4. 〜年 CD2-23

いちねん	にねん	さんねん	よねん	ごねん
ろくねん	しちねん(ななねん)	はちねん	きゅうねん	じゅうねん
にじゅうねん	さんじゅうねん	ひゃくねん	にひゃくねん	さんびゃくねん
せんねん	にせんねん	にせん／いちねん	にせんよねん	にせんごねん
せんきゅうひゃく／はちじゅうねん		せんきゅうひゃく／はちじゅういちねん		

わたしのたんじょうびは_____がつ_____にちです。
　　（私の誕生日は＿＿月＿＿日です）

Ⅲ　簡単辞書を使ってみよう CD2-24

付録の簡単辞書Ⅷ「助数詞のアクセント」には、上記以外の助数詞のアクセントが出ています。少し練習してみましょう。

1) よにん（4人）　　　2) にほん（2本）　　　3) ここのつ（9つ）

4) にばん（2番）　　　5) よんまい（4枚）　　6) ごこ（5個）

7) はちじかん（8時間）　　　8) にしゅうかん（2週間）

9) にじゅういっさい（21歳）　　10) じゅういっかい（11階）

11) さんじゅうよんかい（34階）　　12) ひゃくえん（100円）

13) さんぜんななひゃくごじゅうえん（3,750円）

コラム16　「〜ごろ」「〜ぐらい」

言葉の後ろに「ごろ」「ぐらい」が付くと、前の言葉のアクセントは消えて、「〜ごろ」「〜ぐらい」になります。

例：ごがつ　ごがつごろ　　はちじ　はちじごろ　　にじかん　にじかんぐらい

😊 ここでちょっと口の体操！ 早口言葉 **CD2-25**

どこで句切ると読みやすいでしょうか？

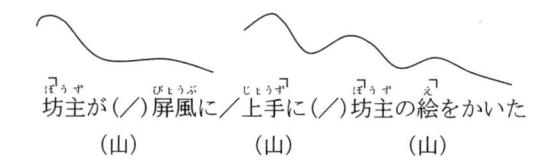

坊主が（／）屏風に／上手に（／）坊主の絵をかいた
　（山）　　　　（山）　　　　（山）

Ⅳ 長文でフレージングしてみよう

第二部の 8「足の汗拭きシートについて（前半）」のフレージングをしてみましょう。

【解答と解説】

Ⅰ

1) かるいし、／使いやすいですよ。
　（山）　　　（山）

2) つめたいみずをください
　　　　　　　（山／丘）

3) いま／よろしいでしょうか
　（山）　（山）

4) ねむくなってしまいました
　　　　（山）

Ⅲ

1) よにん　　　　2) にほん　　　　3) ここのつ

4) にばん　　　　5) よんまい　　　6) ごこ

7) はちじかん　　8) にしゅうかん　9) にじゅういっさい

10) じゅういっかい　11) さんじゅうよんかい

12) ひゃくえん　　13) さんぜんななひゃくごじゅうえん

― 口頭発表へむけて ―

◇ 口頭発表会
　最後の日に、みんなで今までの練習成果を確認しあいましょう。できればクラスメート以外の人にも聞いてもらうといいですね。友達も誘ってみましょう。できるだけ原稿を見ないで発表できるように練習してください。

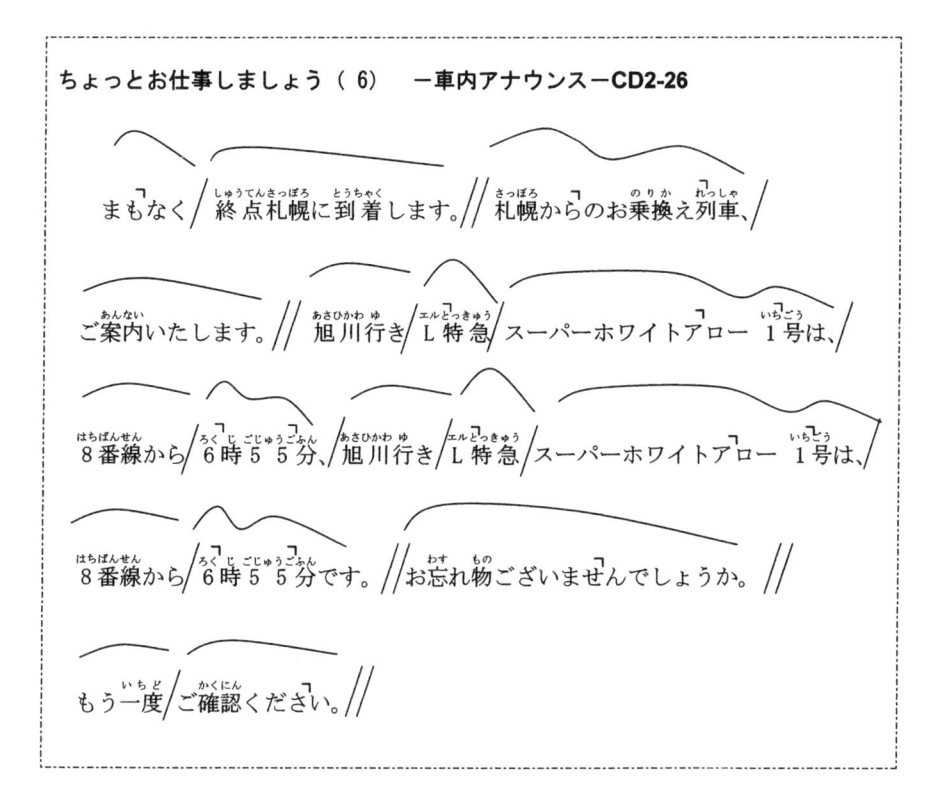

ちょっとお仕事しましょう（6）　―車内アナウンス―CD2-26

「まもなく／終点札幌（しゅうてんさっぽろ）に到着（とうちゃく）します。／／札幌（さっぽろ）からのお乗換（のりか）え列車（れっしゃ）、ご案内（あんない）いたします。／旭川行（あさひかわゆ）き／L特急（エルとっきゅう）／スーパーホワイトアロー　1号（いちごう）は、／8番線（はちばんせん）から／6時55分（ろくじごじゅうごふん）、／旭川行（あさひかわゆ）き／L特急（エルとっきゅう）／スーパーホワイトアロー　1号（いちごう）は、／8番線（はちばんせん）から／6時55分（ろくじごじゅうごふん）です。／／お忘（わす）れ物（もの）ございませんでしょうか。／／もう一度（いちど）／ご確認（かくにん）ください。／／

ユニット12　口頭発表会

> **このユニットの目標**
> 　今まで練習してきた成果をクラス全体で実感できるように口頭発表会を行います。発表者は、伝えようとする気持を大切にしましょう。そのための発音練習だったのです。聞く人は、発表者が伝えようとしていることをしっかりと受け止めて、必ずそのボールを投げ返してください。また、他の人の発音を客観的に評価するのもいい練習になります。下の評価シートを利用してください。

発表評価シート（一部）

発表者のなまえ	（なんてすばらしいんだ！）　10- 9- 8- 7- 6- 5- 4- 3- 2- 1　（ひどい！） 発音　　　　　　　　　　　10- 9- 8- 7- 6- 5- 4- 3- 2- 1 内容　　　　　　　　　　　10- 9- 8- 7- 6- 5- 4- 3- 2- 1 コメント（　　　　　　　　　　　　　　　　　　　　　　　　）
発表者のなまえ	（なんてすばらしいんだ！）　10- 9- 8- 7- 6- 5- 4- 3- 2- 1　（ひどい！） 発音　　　　　　　　　　　10- 9- 8- 7- 6- 5- 4- 3- 2- 1 内容　　　　　　　　　　　10- 9- 8- 7- 6- 5- 4- 3- 2- 1 コメント（　　　　　　　　　　　　　　　　　　　　　　　　）

第二部

フレージング練習

　第二部は、第一部の基本的な学習と並行して、フレージング練習や発音練習を行うために、少し長い文を載せてあります。十分な練習のために使ってください。

表記について
　ひらがなの長い文では意味を捉えるのに時間がかかり読みにくいので、ここでは、漢字かな混じり文にルビを振ってあります。しかし、1拍1拍（ひらがな1文字1文字）の発音が大事であることは、忘れないでください。

練習のやり方
　解答例を載せましたが、答えは ひとつではありません。読むスピードや、気持のこめ方によって変わってきます。
　また、全部自分でフレージングしなくても、一部フレージング練習をしてから、解答例を利用して読む練習をするのもいいでしょう。発音練習ですから、実際に声を出して読むことが大事です。
　こうでなければならないという方法はありません。自分のやり方でこのテキストを活用してください。

自律的練習へ向けて
　このテキストは、口頭発表のための練習が主ですが、日常会話やテレビドラマ、映画などのセリフやニュースなどをモデルに練習することも可能です。
　今後、自分で学習を進める際には、さまざまなリソースを活用することをお勧めします。自由会話を作ったり、映画やドラマのセリフを文字起こししたりして練習してください。会話では、「えー」や「うん」など、意味と直接関係ないフィラーや相づちや終助詞などがどんなイントネーションで話されているかを観察したり発音したりしてみても、面白いでしょう。
　また、ニュースやドラマをフレージングした後、その音声のすぐ後について発音する、「シャドーイング練習」をすれば、より自然な韻律の練習となるでしょう。

1. 日本に来てから CD2-27

　日本に来てから、もう 2 年以上たちました。そのあいだにいろいろなところに旅行しましたが、春休みに行った奈良と宮島と長崎がいちばん思い出に残っています。
　いなかの人たちは、外国人が日本語を話すとびっくりします。私が日本語を話したり、みそしるが好きだと言うと、たいていの人は「日本語がしゃべれるの。それに味噌汁も飲むの。」と聞きます。それでわたしが「ええ、ねぎのみそしるとなっとうが大好きなんです。」と答えると、みんな目を丸くします。（ 221 拍）

　日本に来てから、もう 2年以上たちました。そのあいだにいろいろなところに旅行しましたが、春休みに行った奈良と宮島と長崎がいちばん思い出に残っています。　いなかの人たちは、外国人が日本語を話すとびっくりします。私が日本語を話したり、みそしるが好きだと言うと、たいていの人は、「日本語がしゃべれるの。それにみそしるも飲むの。」と聞きます。それで私が「ええ、ねぎのみそしるとなっとうが大好きなんです。」と答えると、みんな目を丸くします。

2. 満員電車 CD2-28

> 私は、月曜日から金曜日まで、大学に来ています。朝は8時ごろに起きます。朝は忙しくて、朝ごはんを食べずに家を出て、満員電車に乗って学校に来ます。東京は人が多いのでびっくりしました。最初は満員電車が怖くて、なかなか乗ることができませんでしたが、今は、もう慣れました。

私は、月曜日から金曜日まで、大学に来ています。朝は8時ごろに起きます。朝は忙しくて、朝ごはんを食べずに家を出て、満員電車に乗って学校に来ます。東京は人が多いのでびっくりしました。最初は満員電車が怖くて、なかなか乗ることができませんでしたが、今は、もう慣れました。

朝は　最初は　なかなか　今は　もう　　☞　簡単辞書　Ⅵ接続詞・副詞
忙しくて　多いので　怖くて　　　　　　☞　簡単辞書　Ⅲイ形容詞
8時ごろ　☞　簡単辞書　Ⅶ数詞

3.「年齢は頭の若さで測る」を読んで（前半）CD2-29

> 4月4日の日経新聞に「年齢は頭の若さで測る」という記事がありました。その中にはアメリカでは年齢による差別が厳しく禁じられているということが述べられています。たとえば、求人の場合は年齢の条件をつけることができません。年齢による区別がつけられない社会になってきました。

4月4日の日経新聞に「年齢は頭の若さで測る」という記事がありました。その中にはアメリカでは年齢による差別が厳しく禁じられているということが述べられています。たとえば、求人の場合は年齢の条件をつけることができません。年齢による区別がつけられない社会になってきました。

厳しく　若さ　　☞　簡単辞書　Ⅲイ形容詞
禁じられている　述べられています　つけられない　　☞　簡単辞書　Ⅱ動詞
4月4日　　☞　簡単辞書　Ⅶ数詞
その中には　たとえば　　☞　簡単辞書　Ⅵ接続詞・副詞

4.「年齢は頭の若さで測る」を読んで（後半）CD2-30

> 若くても年寄りじみたものもいると述べられています。つまり、肉体的な年齢だけでなく、頭の中の若々しさが大切です。たとえばシニアであっても、アクティブな生き方をしていたら年齢をあまり意識しないはずです。自分の家の中に閉じこもっていないで、社会との関係を持つと年齢は二の次であると述べられています。

若くても年寄りじみたものもいると述べられています。つまり、肉体的な年齢だけでなく、頭の中の若々しさが大切です。たとえばシニアであっても、アクティブな生き方をしていたら年齢をあまり意識しないはずです。自分の家の中に閉じこもっていないで、社会との関係を持つと年齢は二の次であると述べられています。

年寄りじみる　☞　簡単辞書　Ⅱ動詞－複合動詞
肉体的　　　☞　簡単辞書　Ⅴ複合名詞

5. 学級崩壊についてのテレビを見て（前半）CD2-31

最近、学級崩壊についてのテレビを見ました。授業中に子供たちが勝手に歩き回ったり、教室を出入りしたり、シーディーを聞いたりすることなどがしょっちゅうあるとのことでした。子供の意見を聞いてみると、今の教師は子供が好きではないようです。特定の子だけをかわいがったり、体罰をするなど、教師への不満の声が多く聞かれました。

最近、学級崩壊についてのテレビを見ました。授業中に子供たち

が勝手に歩き回ったり、教室を出入りしたり、シーディーを聞いたりす

ることなどがしょっちゅうあるとのことでした。子供の意見を聞いてみる

と、今の教師は子供が好きではないようです。特定の子だけをかわいが

ったり、体罰をするなど、教師への不満の声が多く聞かれました。

だけを　　☞ U5 Ⅲ－1 複合助詞参照（「だけ」と「から」が複合助詞になったの場合は前の助詞の最終拍にアクセント核がおかれます）

6. 学級崩壊についてのテレビを見て（後半）CD2-32

> ある教育専門家は、戦後、民主主義や自由主義が社会に広がっていくうちに、学校の中にも浸透して規則の役割が弱まり、今の学級崩壊を招いたと分析しています。
> 以上のような議論が出てから数年たちました。最近は、学級崩壊が話題になることはあまり多くありません。しかしながら、学校の中の問題が少なくなってきたというわけではありません。

ある教育専門家は、戦後、民主主義や自由主義が社会に広がっていくうちに、学校の中にも浸透して規則の役割が弱まり、今の学級崩壊を招いたと分析しています。

以上のような議論が出てから数年たちました。最近は、学級崩壊が話題になることはあまり多くありません。しかしながら、学校の中の問題が少なくなってきたというわけではありません。

教育専門家　民主主義　学級崩壊　☞ 簡単辞書　Ⅴ複合名詞
少なくなってきた　☞ 簡単辞書　Ⅲイ形容詞

7. 足の汗拭きシートについて（前半）CD2-33

> 日経新聞によると、最近、女性に人気が出てきたもののひとつに、足の汗をふき取る専用シートがあるということです。蒸し暑い日が続き、ミュールやサンダルはかかとを支える部分がないため、ちょっと汗をかいただけで、歩くときにすべりやすくなります。

日経新聞によると、最近、女性に人気が出てきたもののひとつに、足の汗をふき取る専用シートがあるということです。蒸し暑い日が続き、ミュールやサンダルはかかとを支える部分がないため、ちょっと汗をかいただけで、歩くときにすべりやすくなります。

日経新聞　専用シート　☞　簡単辞書　Ⅴ複合名詞
蒸し暑い　☞　簡単辞書　Ⅲイ形容詞－複合形容詞

8. 足の汗拭きシートについて（後半）CD2-34

シートで汗のぬるぬるをとった上で、雑菌などのにおいのもとを絶つことができるのが人気の秘密だそうです。昨春の発売で、今年は前年同期比 50%増のペースで売れていると言います。昼休みや退社前にさっとひとふき。しかし、残念ながら、この汗ふきシートがおじさんにも普及するかどうかは疑問です。

シートで汗のぬるぬるをとった上で、雑菌などのにおいのもとを絶つこ

とができるのが人気の秘密だそうです。昨春の発売で、今年は前年

同期比５０％増のペースで売れていると言います。昼休みや退社前

にさっとひとふき。しかし、残念ながら、この汗ふきシートがおじさんに

も普及するかどうかは疑問です。

前年同期比　50%増　退社前　汗ふきシート　　☞　簡単辞書　V複合名詞

9.「ニート」について CD2-35

最近、ニートと呼ばれる若者が増えています。ニートというのは、学校を出ても仕事をせず、親のお金で生活する若者のことで、まったく働かないというところが、パートやアルバイトをするフリーターとは違います。現在、全国で約85万人のニートがいると言われています。これは、同年代の人口の 2.5 パーセントを占めるそうです。

最近、ニートと呼ばれる若者が増えています。ニートというのは、学校を出ても仕事をせず、親のお金で生活する若者のことで、まったく働かないというところが、パートやアルバイトをするフリーターとは違います。

現在、全国で約 8 5 万人のニートがいると言われています。これは、

同年代の人口の 2．5パーセントを占めるそうです。

最近　まったく　現在　　☞　簡単辞書　Ⅵ接続詞・副詞
85万人　　☞　簡単辞書　Ⅷ助数詞
同年代　5%　☞　簡単辞書　Ⅴ複合名詞
　2.5は「にいてんご」というように、長音化します。 2のほかに、 5も小数点の前でリズムをとるために長音化します。 5.5%「ごうてんごパーセント」　　　☞　簡単辞書　Ⅶ数詞

10. 選挙のこと（前半）CD2-36

　最近テレビを見ますと、選挙と関連する情報がたくさんあります。オーストラリアももちろん日本と同じように民主主義の国ですから、選挙の時期はマスコミが大活躍です。ただ、選挙の運営と宣伝については違う点もあります。
　たとえば、日本では投票に行かなくてもよいのですが、オーストラリアでは有権者の投票は義務付けられています。

最近テレビを見ますと、選挙と関連する情報がたくさんあります。

オーストラリアももちろん日本と同じように民主主義の国ですから、

選挙の時期はマスコミが大活躍です。ただ、選挙の運営と宣伝につい

ては違う点もあります。

たとえば、日本では投票に行かなくてもよいのですが、オーストラリ

アでは有権者の投票は義務付けられています。

11. 選挙のこと（後半）CD2-37

投票に行かないと、罰金になります。日本のかたはこれを聞いてびっくりされるようですが、オーストラリアではごく当たり前のこと。投票とは国民の責任だと皆考えていますので。よくアメリカが民主主義を守る国だと言われていますが、オーストラリアもそういう面では結構進んでいます。例えば世界で2番目に女性に投票権を与えたのがオーストラリアです。さらに投票の整備も進んでいて、郵便、あるいは海外から投票することもできます。

投票に行かないと、罰金になります。日本のかたはこれを聞いてびっくりされるようですが、オーストラリアではごく当たり前のこと。投票とは国民の責任だと皆考えていますので。よくアメリカが民主主義を守る国だと言われていますが、オーストラリアもそういう面では結構進んでいます。たとえば世界で2番目に女性に投票権を与えたのがオーストラリアです。さらに投票の整備も進んでいて、郵便、あるいは海外から投票することもできます。

12. ゴミのリサイクル（グラフ説明）CD2-38

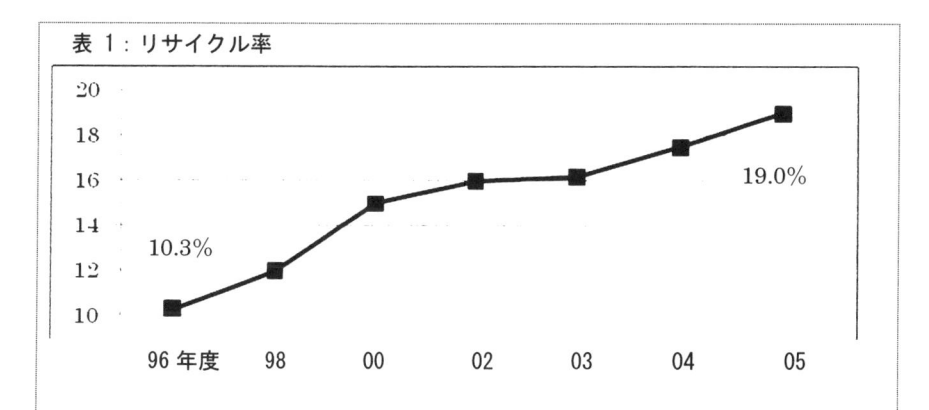

表1：リサイクル率

表2：ゴミの全体量

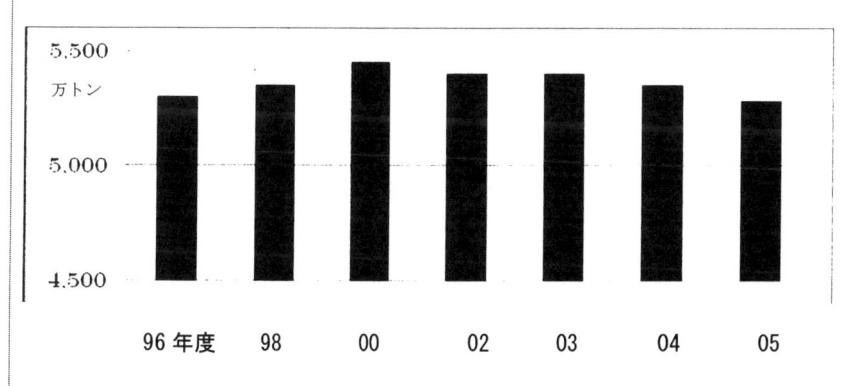

　表1をご覧ください。この表はリサイクル率の推移を表しています。縦軸は%で、見やすいように10%から20%で切ってあります。横軸は96年度から2005年度までを示します。表2のごみの全体量と比べてみてください。表2の縦軸の単位は一万トンで4,500万トンから5,500万トンまでです。横軸は表1と同じです。リサイクル率はここ10年ほどで2倍近くにのびたもののゴミの全体量はさほど減っていないことがわかります。

表1をご覧ください。この表はリサイクル率の推移を表しています。縦軸は％で、見やすいように10％から20％で切ってあります。横軸は96年度から2005年度までを示します。

表2のごみの全体量と比べてみてください。表2の縦軸の単位は一万トンで、4,500万トンから5,500万トンまでです。

横軸は表1と同じです。リサイクル率はここ10年ほどで2倍近くにのびたものの、ゴミの全体量はさほど減っていないことがわかります。

13. フード・マイレージ（前半）CD2-39

今日はフード・マイレージについて、話したいと思います。フード・マイレージというのは、食糧の産地から消費される土地までの輸送距離に重さをかけた値です。つまり、食品の生産地と消費地が近ければ、輸送にかかるエネルギーが少なく、地球環境にかかる負担も小さいので、フード・マイレージも小さくなります。ところが、日本のフード・マイレージは、世界一です。たったひとつのコンビニの弁当は、地球4周分に当たるほどのフード・マイレージです。想像できますか。

今日はフード・マイレージについて、話したいと思います。フード・マイレージというのは、食糧の産地から消費される土地までの輸送距離に重さをかけた値です。つまり、食品の生産地と消費地が近ければ、輸送にかかるエネルギーが少なく、地球環境にかかる負担も小さいので、フード・マイレージも小さくなります。ところが、日本のフード・マイレージは、世界一です。たったひとつのコンビニの弁当は、地球4周分に当たるほどのフード・マイレージです。想像できますか。

14. フード・マイレージ（後半）CD2-40

　例えば、弁当のインゲンは、中東のオマーンで栽培されています。収穫されてから、日本まで空輸され、総移動距離は、何と七千八百キロになります。どれぐらいのCO2が、排出されていると思いますか。また、廃棄された弁当は、堆肥として自然に戻ることもありますが、多くは焼却され、最後まで大量のCO2を吐き出すことになります。たったひとつの弁当が我々の地球に、どれほどの負担をかけているのでしょうか。私たちは、CO2の問題に、もっと真剣に取り組むべきではないでしょうか。

　例えば、弁当のインゲンは、中東のオマーンで栽培されています。

　収穫されてから、日本まで空輸され、総移動距離は、何と七千八百キロになります。どれぐらいのCO2が、排出されていると思いますか。

　また、廃棄された弁当は、堆肥として自然に戻ることもありますが、

　多くは焼却され、最後まで大量のCO2を吐き出すことになります。

　たったひとつの弁当が我々の地球に、どれほどの負担をかけているのでしょうか。私たちは、CO2の問題に、もっと真剣に取り組むべきではないでしょうか。

15. 第一印象について CD2-41

　では、始めさせていただきます。
　ただいまご紹介いただきました、キムです。
　本日は、第一印象というテーマでお話ししたいと思います。
　私の経験から申し上げますと、社会で成功するためには、対人関係が重要であり、その対人関係をうまく作るためには、第一印象が重要です。もちろん、自分の中身を磨くのが一番大事なことですが、社会生活にはそれだけでは足りません。
　アメリカのある心理学者は、第一印象は最初の4分ほどで決まると言いました。異性に一目ぼれするのにかかる時間が平均6秒という統計もあります。
　また他の心理学者は、第一印象を評価する基準の中で、外見が半分以上を占めると主張しました。
　人間の脳構造の特性上、男性は、相手の顔のひとつひとつの部分を観察し、女性は全体的なスタイルを見る傾向があると言われています。ですから、女性は、化粧に気をつけ、男性は、ジャケット、シャツ、ネクタイ、靴のトータルファッションに気を配ったほうがいいのです。
　皆さんも、実力と共に、是非、自分をアピールする力を養って欲しいと思います。
　では、これで私の話を終わります。
　何かご意見、ご質問がありましたら、どうぞ。（556拍）

では、始めさせていただきます。

ただいまご紹介いただきました、キムです。

本日は、第一印象というテーマでお話ししたいと思います。

　私の経験から申し上げますと、社会で成功するためには、

対人関係が重要であり、その対人関係をうまく作るためには、第一印象が重要です。もちろん、自分の中身を磨くのが一番大事なことですが、社会生活にはそれだけでは足りません。

アメリカのある心理学者は、第一印象は最初の4分ほどで決まると言いました。異性に一目ぼれするのにかかる時間が平均6秒という統計もあります。

また他の心理学者は、第一印象を評価する基準の中で、外見が半分以上を占めると主張しました。

人間の脳構造の特性上、男性は、相手の顔のひとつひとつの部分を観察し、女性は全体的なスタイルを見る傾向があると言われています。

ですから、女性は、化粧に気をつけ、男性は、ジャケット、シャツ、ネクタイ、靴のトータルファッションに気を配ったほうがいいのです。

皆さんも、実力と共に、是非、自分をアピールする力を養って欲しいと思います。

では、これで私の話を終わります。

何かご意見、ご質問がありましたら、どうぞ。

16. 面接の自己アピール（就職試験）CD2-42

中国から参りました、チョウレイと申します。
　4年前に来日して、現在、世界大学で、経営学を学んでいます。
　日本に留学した理由は、日本のアニメが好きだからです。子供の頃から、アニメを見て育ちました。特に、ドラえもんが好きです。実は、私は、小学生のときに、学校で、いじめられたことがあります。そのときに、ドラえもんを見て、本当に心が慰められました。「どこでもドア」のような不思議な道具を想像することで、悲しみを忘れることができ、また、どんな人にも優れた点や弱点があるということも学びました。このときの経験が今も私の元気の素になっているような気がします。ドラえもんからもらった不思議な道具のおかげです。
　御社のようなアニメの制作会社で働くことは、子供のころからの夢でした。もしこの夢がかなったら、誰よりも一生懸命に働きます。そして世界中の子供に元気を届けたいです。どうぞよろしくお願いします。（2分）

中国（ちゅうごく）から参（まい）りました、チョウレイと申（もう）します。

4年前（よねんまえ）に来日（らいにち）して、現在（げんざい）、世界大学（せかいだいがく）で、経営学（けいえいがく）を学（まな）んでいます。

日本（にほん）に留学（りゅうがく）した理由（りゆう）は、日本（にほん）のアニメが好（す）きだからです。子供（こども）の頃（ころ）から、アニメを見（み）て育（そだ）ちました。特（とく）に、ドラえもんが好（す）きです。実（じつ）は、私（わたし）は、

小学生（しょうがくせい）のときに、学校（がっこう）で、いじめられたことがあります。そのときに、

ドラえもんを見て、本当に心が慰められました。「どこでもドア」のような不思議な道具を想像することで、悲しみを忘れることができ、また、どんな人にも優れた点や弱点があるということも学びました。このときの経験が今も私の元気の素になっているような気がします。ドラえもんからもらった不思議な道具のおかげです。

御社のようなアニメの制作会社で働くことは、子供のころからの夢でした。もしこの夢がかなったら、誰よりも一生懸命に働きます。そして世界中の子供に元気を届けたいです。どうぞよろしくお願いします。

17. プレゼンテーション CD2-43

☆ 次のプレゼンテーション例は、「東京アド」という広告代理店の社員が（株）パイナップル・コンピュータの新製品売り出しコマーシャルの仕事を獲得するために行うものです。

東京アド、営業1課、川村と申します。よろしくお願いします。それでは、さっそく始めさせていただきます。
来春御社から発売予定の世界最小、最軽量のモバイルPC、type X。この製品を大々的に売り出すために、今回、私共は、画期的なアイディアをご提案します。すなわち、軽さとスタイリッシュなデザインを強調した、ドラマ仕立てのコマーシャルフィルムをシリーズものとして制作するという案です。主演には、30代男性に人気のある韓国人女優、チェ・ミンを起用したいと考えております。

東京アド、営業1課、川村と申します。よろしくお願いします。

それでは、さっそく始めさせていただきます。

来春御社から発売予定の世界最小、最軽量のモバイルＰＣ、type

Ｘ。この製品を大々的に売り出すために、今回、私共は、画期的な

アイディアをご提案します。すなわち、軽さとスタイリッシュなデザイン

を強調した、ドラマ仕立てのコマーシャルフィルムをシリーズ物として

制作するという案です。主演には、３０代男性に人気のある韓国人女優、チェ・ミンを起用したいと考えております。

プレゼンテーションのヒント：
　プレゼンテーションで内容をよく伝える話し方、強調したいことばを印象付けるコツ、押し付けがましくなく気持ちを伝える方法などについてクラスで考えましょう。全員でコンペ（コンペティション：競走）してみてもいいですね。だれのプレゼンテーションがよりアピールするか、どんな工夫があったかなど、話し合いましょう。
　これは、売り込みの例ですが、研究発表をするときも、自分の考えを伝え、他の研究者に引用してもらうように働きかけるという意味で、基本的にプレゼンテーションと同じです。

18. 会話　フィラー、相づちの入れ方 CD2-44

A：最近、「デパ地下」っておもしろい<u>よね</u>。
B：<u>ん</u>？その「デパー」ってなに　？
A：「デパ地下」っていうのは、(<u>うん</u>) つまり、デパートの地下のこと。(<u>あー</u>) よくさあ、食べ物なんかを売ってるとこあるでしょ？
B：<u>うん、うん</u>。それで？
A：テレビ見てると、(<u>うん</u>) よくさぁ、レポーターとかがいろいろおいしいとこ紹介してるよね。
B：うんそうだね。で、どっかいいとこ知ってる？
A：あるよ。(<u>どこ？</u>) 池袋西武の地下に、(<u>うん</u>) アイスクリームのおいしいとこあるよ。
B：それって、普通<u>ジャン</u>？
A：<u>ううん</u>。豆腐とか、かぼちゃとか、納豆なんかのアイスなんだよ。
B：まじで？

下線はあいづちやフィラーなどです

A：最近、「デパ地下」っておもしろい<u>よね</u>。

B：<u>ん</u>？その「デパー」ってなに　？

A：「デパ地下」っていうのは、(<u>うん</u>) つまり、デパートの地下のこと。(<u>あー</u>) よくさあ、食べ物なんかを売ってるとこあるでしょ？

B：<u>うん、うん</u>。それで？

A：テレビ見てると、(うん)よくさぁ、レポーターとかがいろいろおいしいとこ紹介してるよね。

B：うんそうだね。で、どっかいいとこ知ってる？

A：あるよ。(どこ？)池袋西武の地下に、(うん)アイスクリームのおいしいとこあるよ。

B：それって、普通ジャン？

A：ううん。豆腐とか、かぼちゃとか、納豆なんかのアイスなんだよ。

B：まじで？

フレージング解答例

答えは ひとつではありません。
どんな発音がわかりやすいか、そして、意味がよく伝わるか、
クラスで考えましょう。

1. 日本に来てから CD2-27

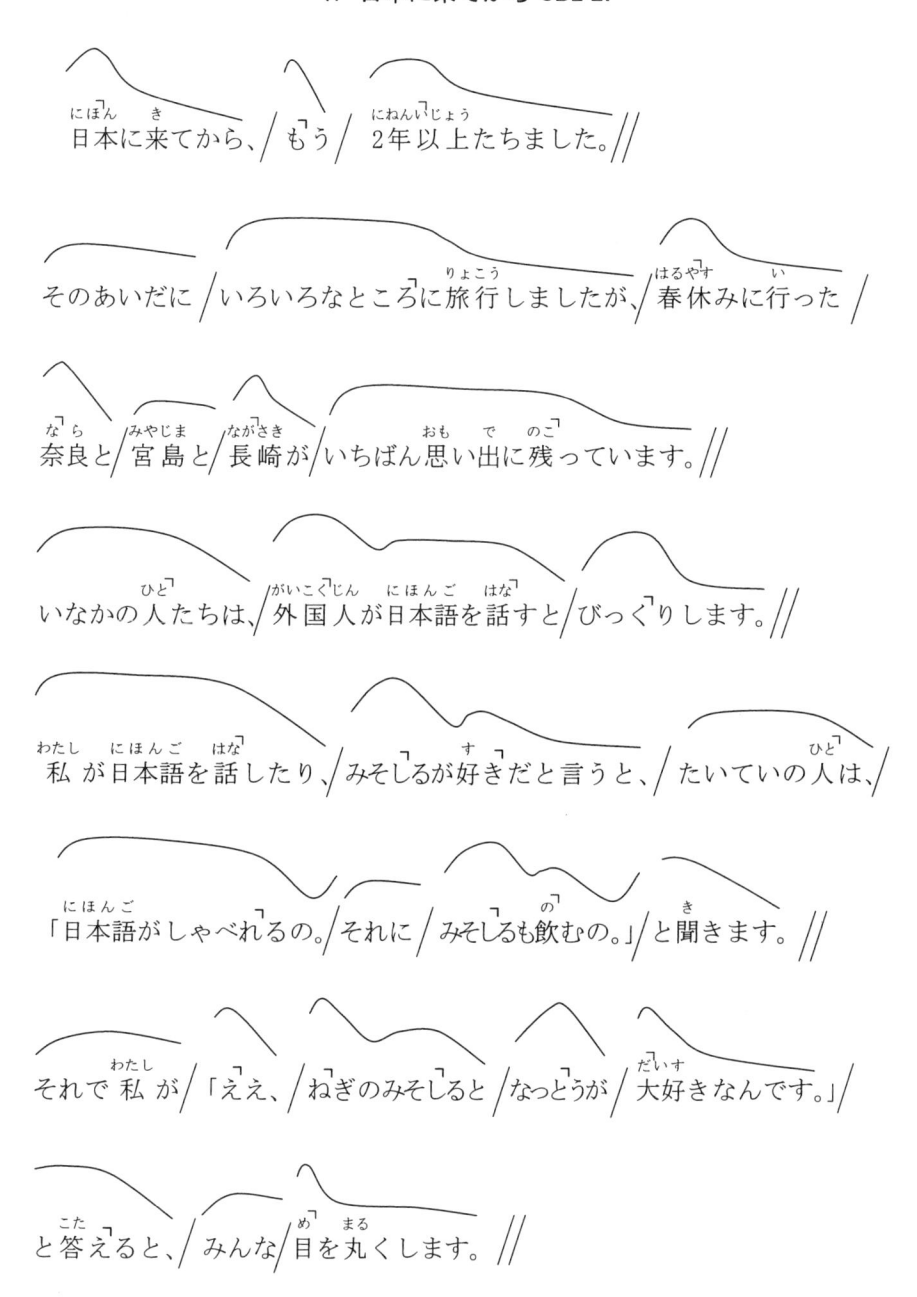

日本に来てから、もう2年以上たちました。

そのあいだにいろいろなところに旅行しましたが、春休みに行った奈良と宮島と長崎がいちばん思い出に残っています。

いなかの人たちは、外国人が日本語を話すとびっくりします。

私が日本語を話したり、みそしるが好きだと言うと、たいていの人は、「日本語がしゃべれるの。それにみそしるも飲むの。」と聞きます。

それで私が「ええ、ねぎのみそしるとなっとうが大好きなんです。」と答えると、みんな目を丸くします。

☆　次のピッチカーブは、日本人女性の声をパソコンの音声分析ソフトで分析したものです。

にほんにきてから／　　もう／　にねんいじょう　たちました／／

そのあいだに／　　いろいろなところにりょこうしましたが／

はるやすみにいった　／　なら と／　みやじま と／　ながさきが／

いちばんおもいでにのこっています／／　　　　いなかのひとたちは／

がいこくじんがにほんごをはなすと　　／　　びっくりします／／

わたしがにほんごをはなしたり　／　みそしるがすきだというと／

たいていのひとは　／　にほんごがしゃべれるの？／

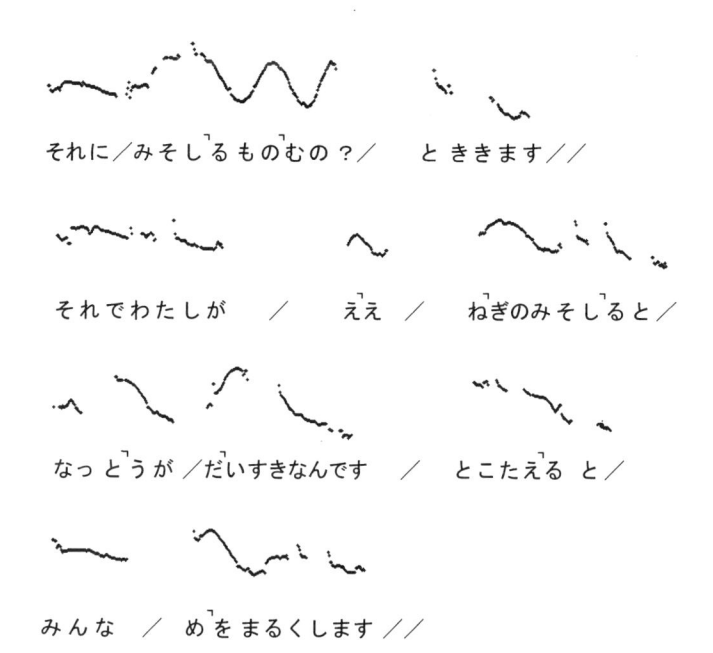

それに／みそしるものむの？／　とききます／／

それでわたしが　　／　　ええ　／　ねぎのみそしると／

なっとうが／だいすきなんです　／　とこたえる　と／

みんな　／　めをまるくします／／

2. 満員電車 CD2-28

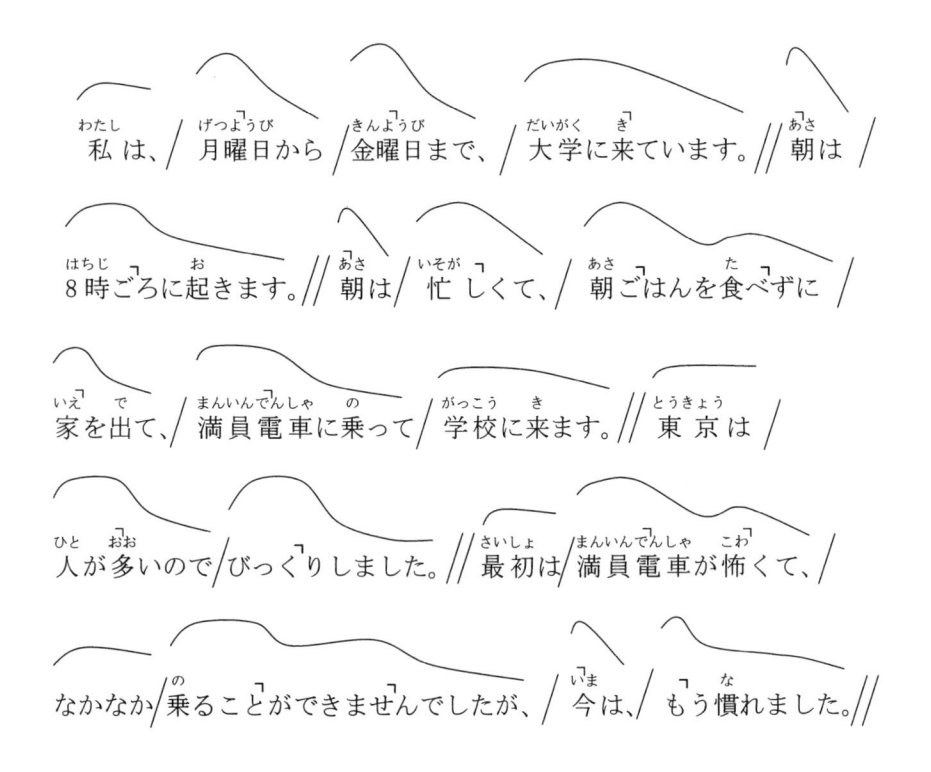

私は、/ 月曜日から / 金曜日まで、/ 大学に来ています。// 朝は / 8時ごろに起きます。// 朝は / 忙しくて、/ 朝ごはんを食べずに / 家を出て、/ 満員電車に乗って / 学校に来ます。// 東京は / 人が多いので / びっくりしました。// 最初は / 満員電車が怖くて、/ なかなか / 乗ることができませんでしたが、/ 今は、/ もう慣れました。//

「いそがしくて」は簡単ルール。「し」を無声化してみましょう。
「こわくて」は、簡単ルール。規範ルールは、「こわくて」。

　ここでは、かなりゆっくり、はっきりと読んだ場合のフレージングを紹介しています。句切りが多いと、ひとつひとつのフレーズの語のアクセントを明確に発音しなければならないことに気づいたでしょう。もちろん、もっと大きな単位で句切る読み方も可能です。

3.「年齢は頭の若さで測る」を読んで（前半）CD2-29

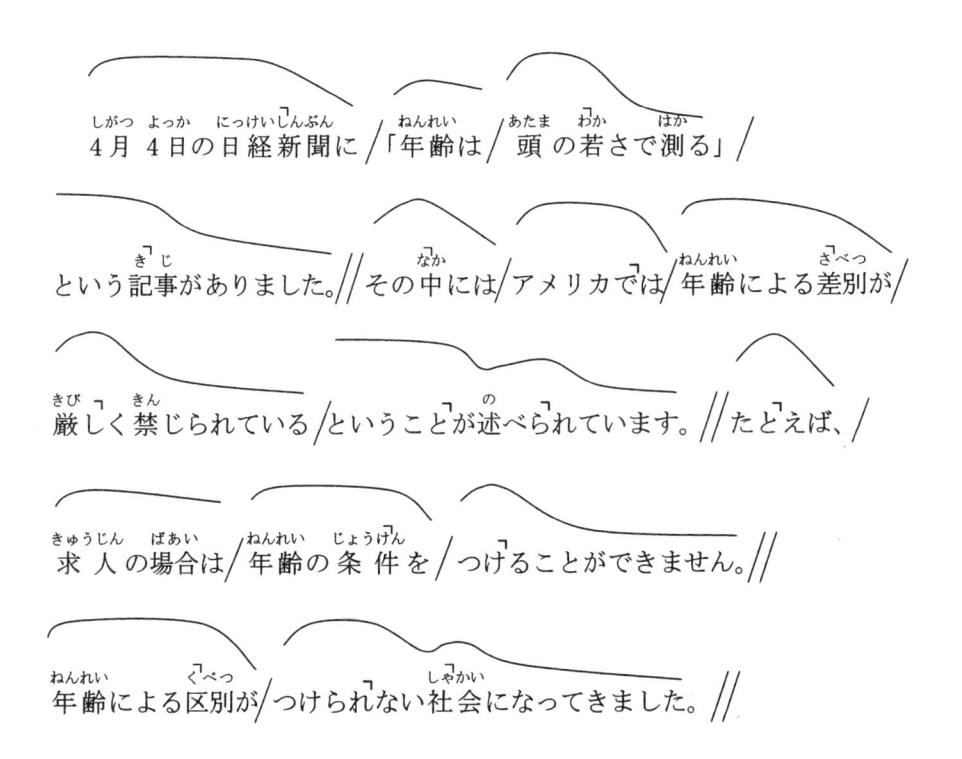

4月4日の日経新聞に/「年齢は/頭の若さで測る」/

という記事がありました。//その中には/アメリカでは/年齢による差別が/

厳しく禁じられている/ということが述べられています。//たとえば、/

求人の場合は/年齢の条件を/つけることができません。//

年齢による区別が/つけられない社会になってきました。//

「きびしく」は簡単ルール。「し」を無声化してみましょう。規範ルールは「きびしく」です。

　「満員電車」より少しフレーズが大きいフレージング例です。話す速さも少し速くなるかもしれません。アクセントも大事ですが、文イントネーションのほうに重きを置いて読んでみましょう。いろいろな句切り方が可能だということを感じてください。

4.「年齢は頭の若さで測る」を読んで（後半）CD2-30

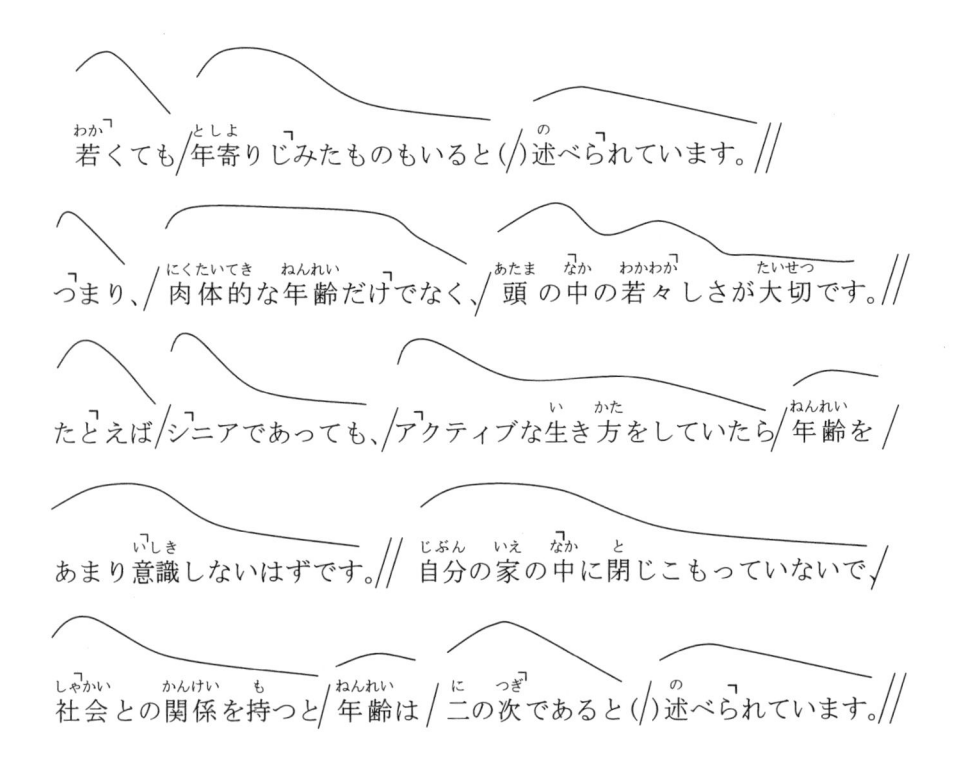

若くても/年寄りじみたものもいると(/)述べられています。//

つまり、/肉体的な年齢だけでなく、/頭の中の若々しさが大切です。//

たとえば/シニアであっても、/アクティブな生き方をしていたら/年齢を/あまり意識しないはずです。//　自分の家の中に閉じこもっていないで、/

社会との関係を持つと/年齢は/二の次であると(/)述べられています。//

「わかくても」は簡単ルール。規範ルールは、「わかくても」です。

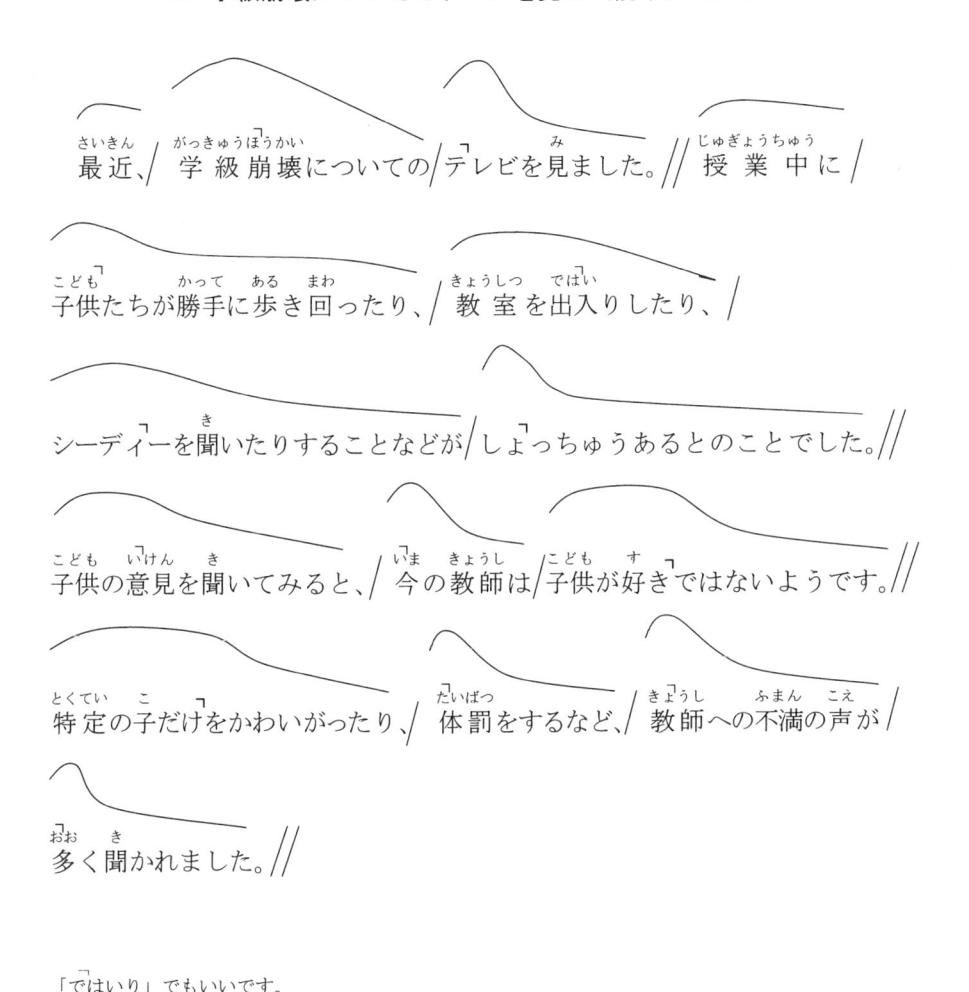

5. 学級崩壊についてのテレビを見て（前半）CD2-31

最近、学級崩壊についてのテレビを見ました。// 授業中に子供たちが勝手に歩き回ったり、/ 教室を出入りしたり、/ シーディーを聞いたりすることなどが / しょっちゅうあるとのことでした。//

子供の意見を聞いてみると、/ 今の教師は / 子供が好きではないようです。// 特定の子だけをかわいがったり、/ 体罰をするなど、/ 教師への不満の声が / 多く聞かれました。//

「ではいり」でもいいです。

6. 学級崩壊についてのテレビを見て（後半）CD2-32

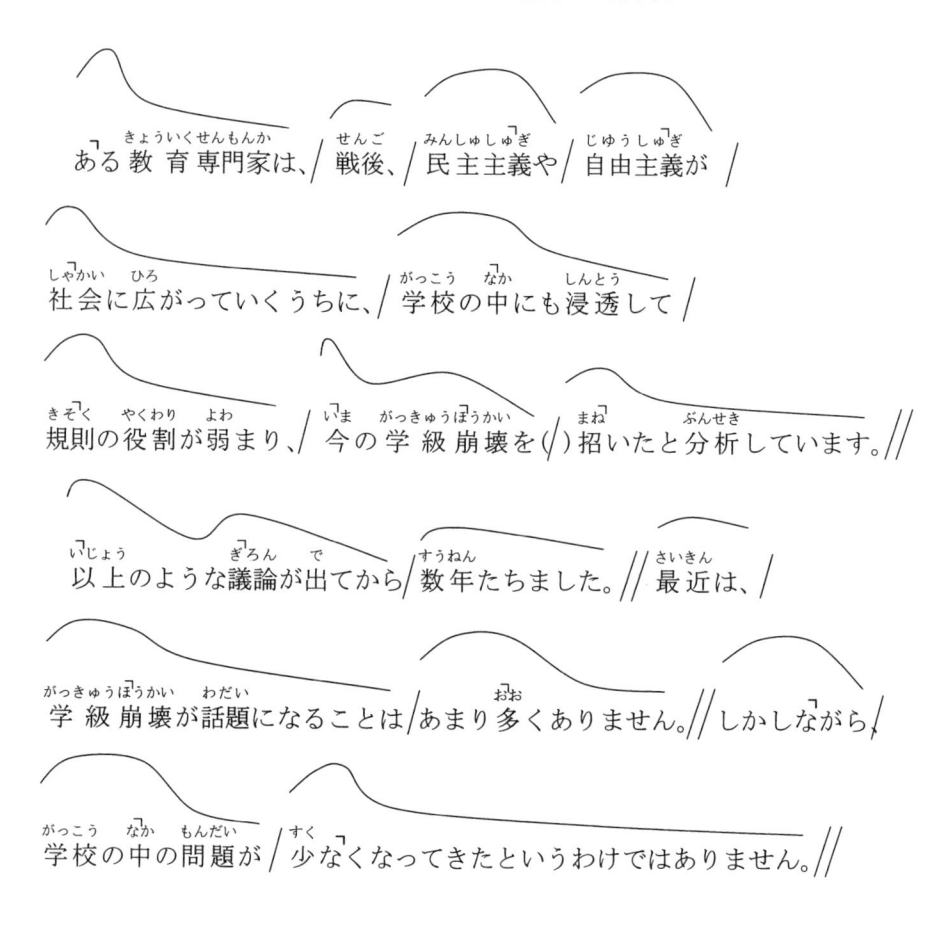

ある教育専門家は、/ 戦後、/ 民主主義や/ 自由主義が/

社会に広がっていくうちに、/ 学校の中にも浸透して/

規則の役割が弱まり、/ 今の学級崩壊を(/)招いたと分析しています。//

以上のような議論が出てから/ 数年たちました。// 最近は、/

学級崩壊が話題になることは/ あまり多くありません。// しかしながら/

学校の中の問題が/ 少なくなってきたというわけではありません。//

　規則の「き」は無声化しましょう。また、「きそく」でも構いません。
　「すくなく」は簡単ルール。「す」を無声化しましょう。規範ルールは「すくなく」です。

7. 足の汗拭きシートについて（前半）CD2-33

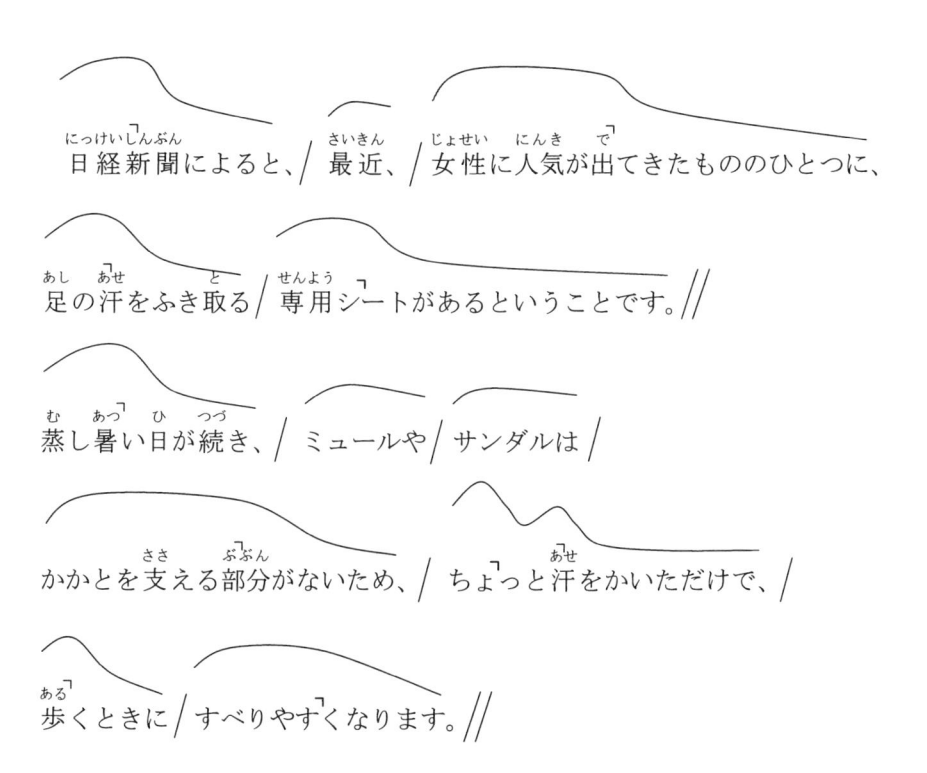

日経新聞によると、/ 最近、/ 女性に人気が出てきたもののひとつに、

足の汗をふき取る / 専用シートがあるということです。//

蒸し暑い日が続き、/ ミュールや / サンダルは /

かかとを支える部分がないため、/ ちょっと汗をかいただけで、/

歩くときに / すべりやすくなります。//

「すべりやすく」は簡単ルール。「すべりやすく」でもいいです。2つ目の「す」を無声化してみましょう。

8. 足の汗拭きシートについて（後半）CD2-34

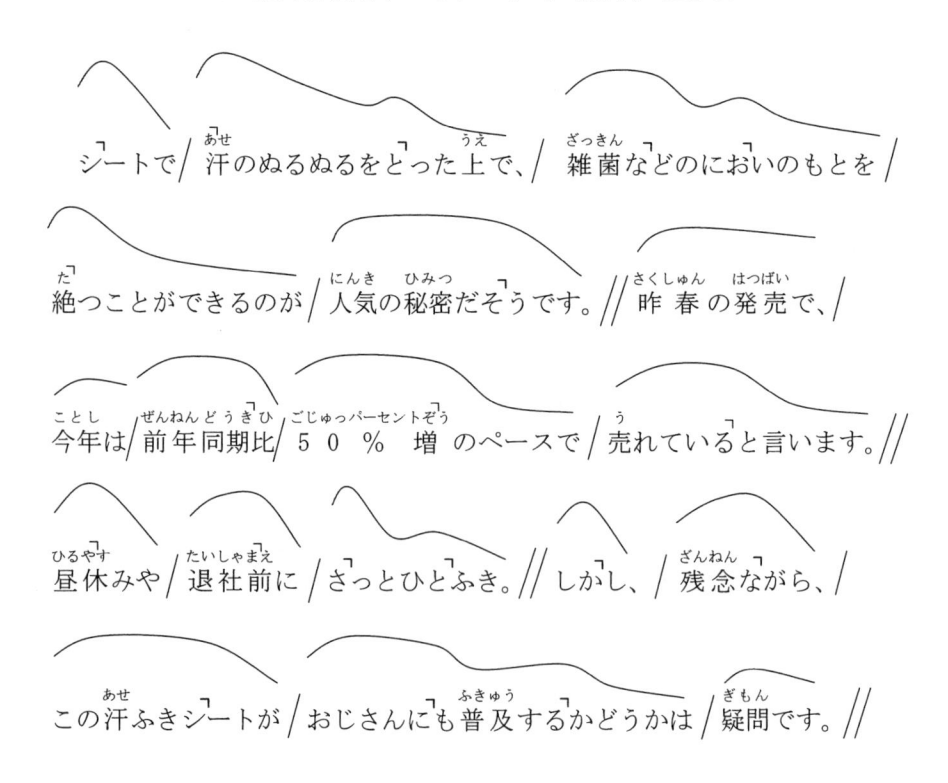

シートで／汗のぬるぬるをとった上で、／雑菌などのにおいのもとを／絶つことができるのが／人気の秘密だそうです。／／昨春の発売で、／今年は／前年同期比／５０％増のペースで／売れていると言います。／／昼休みや／退社前に／さっとひとふき。／／しかし、／残念ながら、／この汗ふきシートが／おじさんにも普及するかどうかは／疑問です。／／

「ごじゅっパーセントぞう」も使います。

9.「ニート」について CD2-35

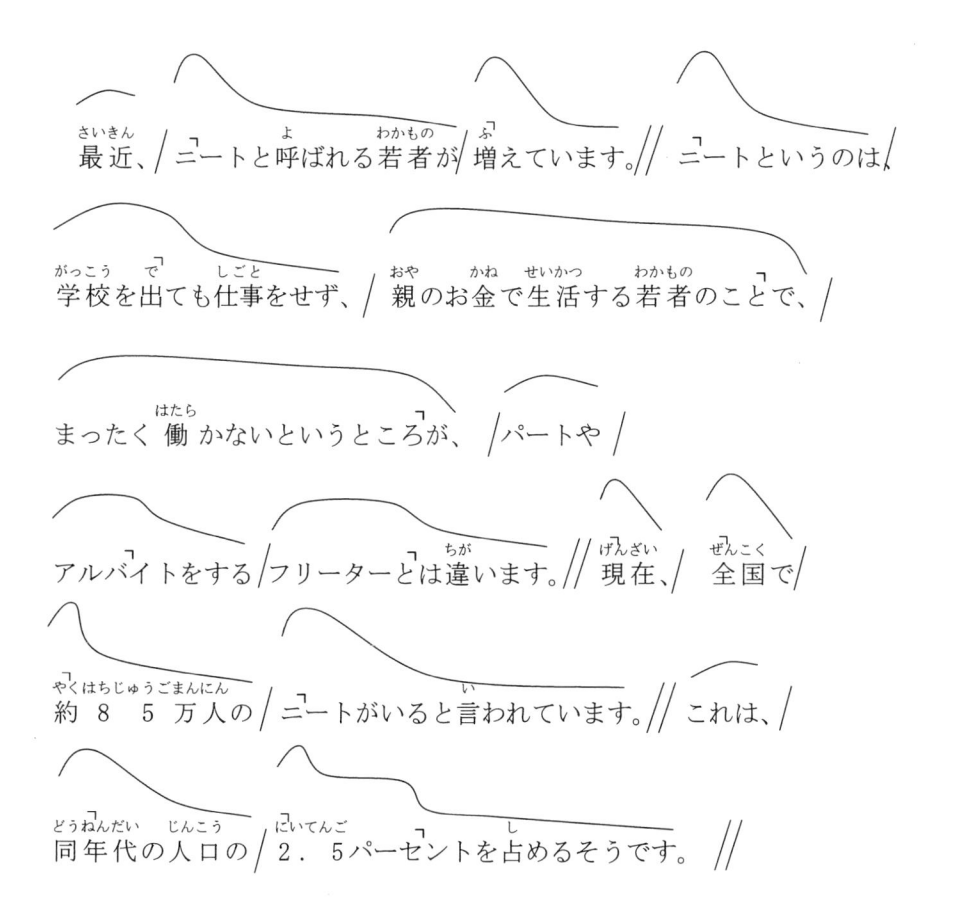

最近、ニートと呼ばれる若者が増えています。ニートというのは、学校を出ても仕事をせず、親のお金で生活する若者のことで、まったく働かないというところが、パートやアルバイトをするフリーターとは違います。現在、全国で約85万人のニートがいると言われています。これは、同年代の人口の2.5パーセントを占めるそうです。

10. 選挙のこと（前半）CD2-36

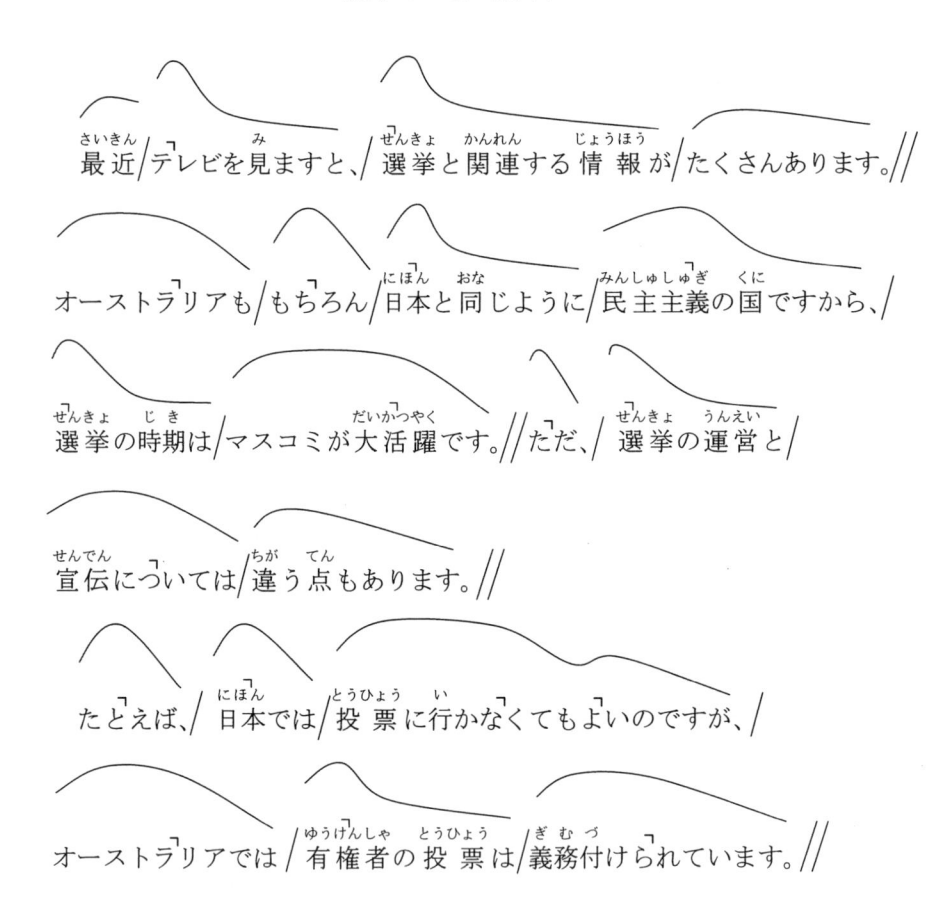

最近、テレビを見ますと、選挙と関連する情報がたくさんあります。

オーストラリアも もちろん 日本と同じように 民主主義の国ですから、

選挙の時期は マスコミが大活躍です。ただ、選挙の運営と

宣伝については 違う点もあります。

たとえば、日本では 投票に行かなくてもよいのですが、

オーストラリアでは 有権者の投票は 義務付けられています。

11. 選挙のこと（後半） CD2-37

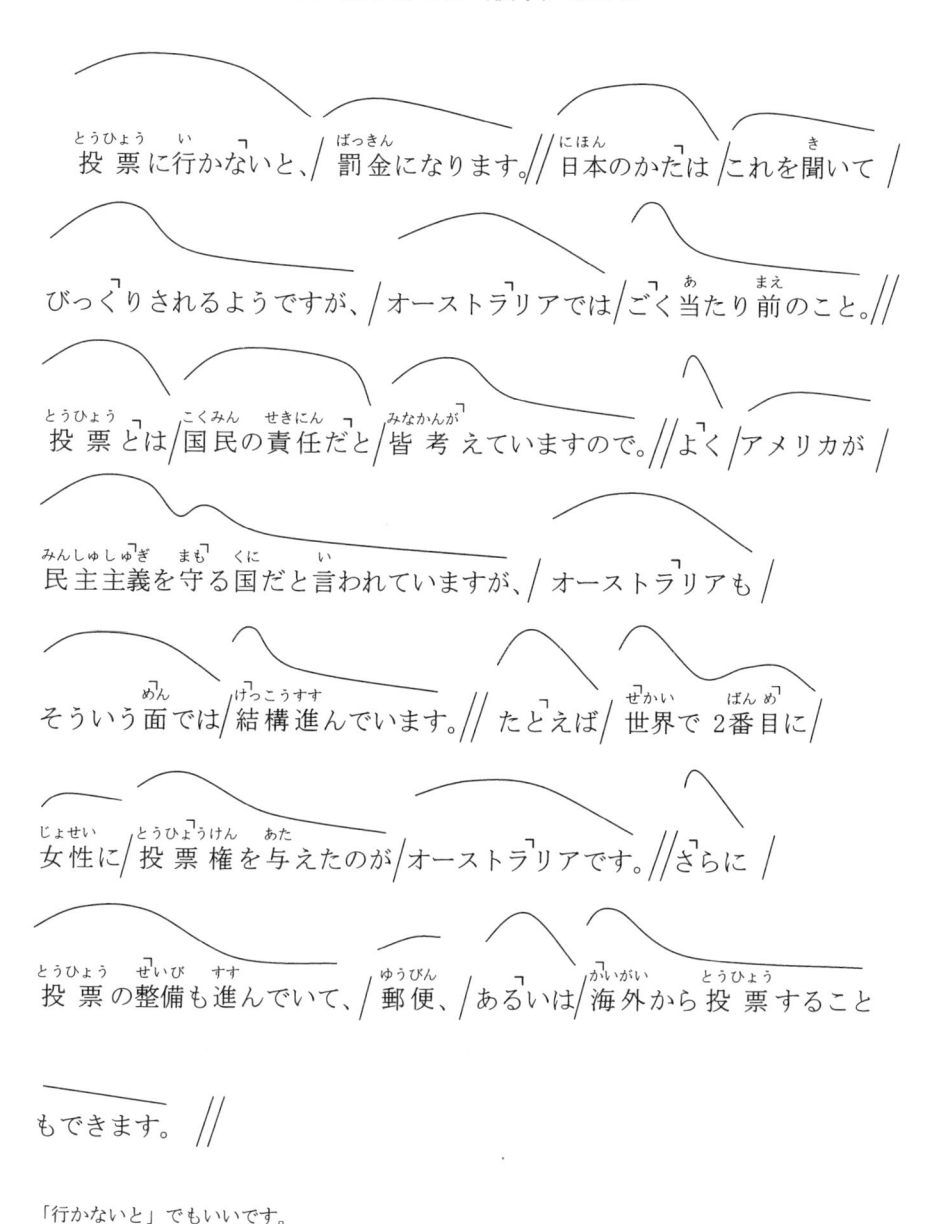

投票に行かないと、罰金になります。// 日本のかたはこれを聞いて びっくりされるようですが、/ オーストラリアでは / ごく当たり前のこと。//
投票とは / 国民の責任だと / 皆考えていますので。// よく / アメリカが 民主主義を守る国だと言われていますが、/ オーストラリアも / そういう面では / 結構進んでいます。// たとえば / 世界で2番目に / 女性に / 投票権を与えたのが / オーストラリアです。// さらに / 投票の整備も進んでいて、/ 郵便、/ あるいは / 海外から投票すること もできます。//

「行かないと」でもいいです。

12. ゴミのリサイクル （グラフ説明） CD2-38

表1をご覧ください。この表はリサイクル率の推移を表しています。縦軸は％で、見やすいように10％から20％で切ってあります。横軸は96年度から2005年度までを示します。

表2のごみの全体量と比べてみてください。表2の縦軸の単位は一万トンで、4,500万トンから5,500万トンまでです。横軸は表1と同じです。リサイクル率はここ10年ほどで2倍近くにのびたものの、ゴミの全体量はさほど減っていないことがわかります。

13. フード・マイレージ（前半）CD2-39

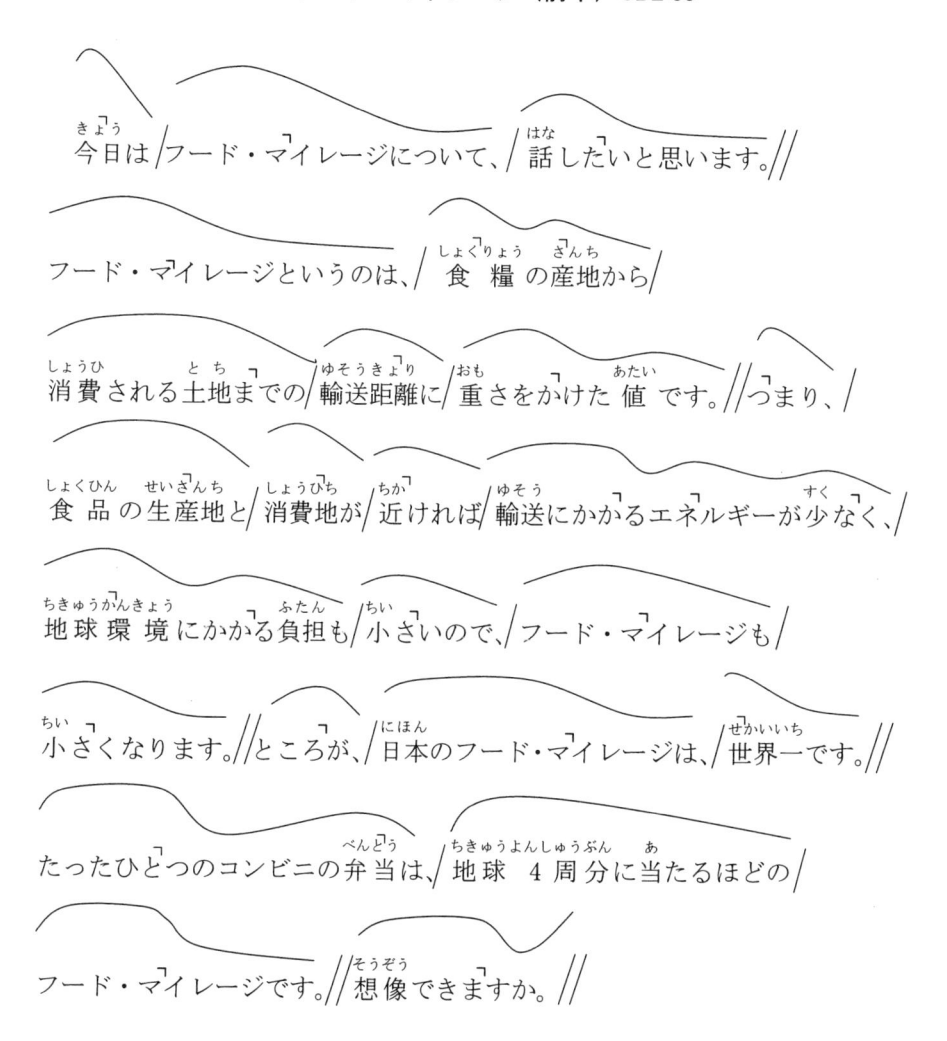

今日は／フード・マイレージについて、／話したいと思います。//

フード・マイレージというのは、／食糧の産地から／消費される土地までの／輸送距離に／重さをかけた値です。//つまり、／食品の生産地と／消費地が／近ければ／輸送にかかるエネルギーが少なく、／地球環境にかかる負担も／小さいので、／フード・マイレージも／小さくなります。//ところが、／日本のフード・マイレージは、／世界一です。//たったひとつのコンビニの弁当は、／地球4周分に当たるほどの／フード・マイレージです。//想像できますか。//

14. フード・マイレージ（後半） **CD2-40**

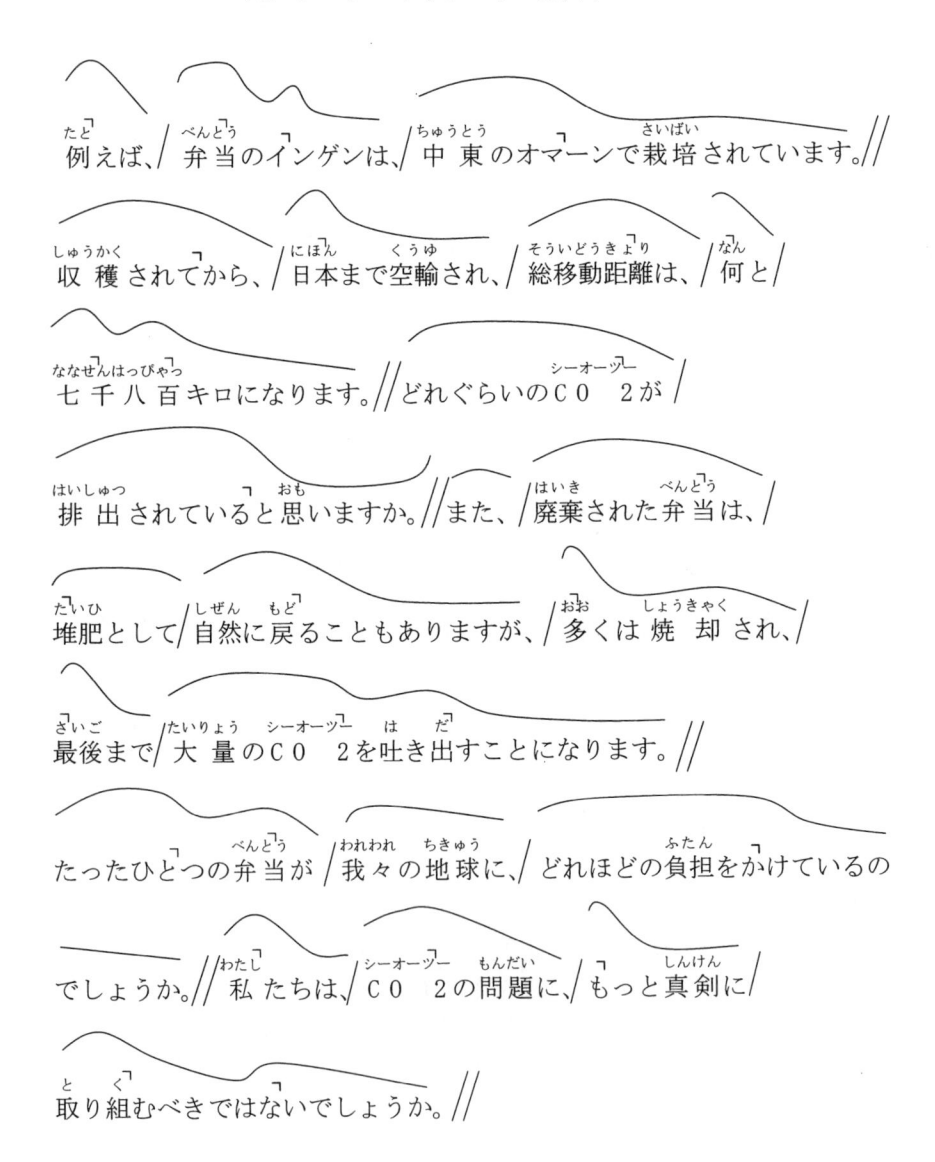

例えば、/ 弁当のインゲンは、/ 中東のオマーンで栽培されています。//

収穫されてから、/ 日本まで空輸され、/ 総移動距離は、/ 何と/

七千八百キロになります。// どれぐらいのCO_2が/

排出されていると思いますか。// また、/ 廃棄された弁当は、/

堆肥として/ 自然に戻ることもありますが、/ 多くは焼却され、/

最後まで/ 大量のCO_2を吐き出すことになります。//

たったひとつの弁当が/ 我々の地球に、/ どれほどの負担をかけているの

でしょうか。// 私たちは、/ CO_2の問題に、/ もっと真剣に/

取り組むべきではないでしょうか。//

15. 第一印象について CD2-41

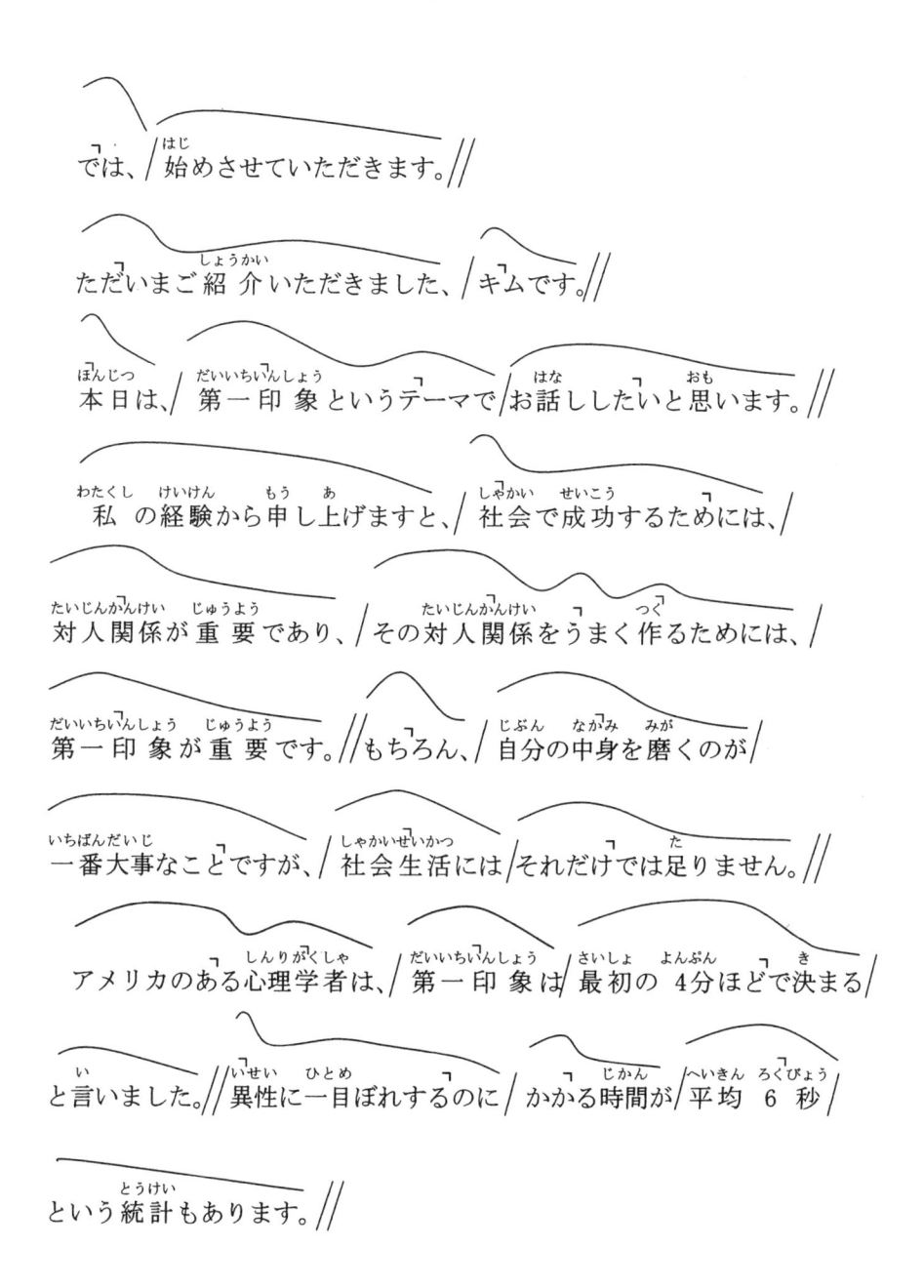

では、/ 始めさせていただきます。//

ただいまご紹介いただきました、/ キムです。//

本日は、/ 第一印象というテーマで / お話ししたいと思います。//

私の経験から申し上げますと、/ 社会で成功するためには、/ 対人関係が重要であり、/ その対人関係をうまく作るためには、/ 第一印象が重要です。// もちろん、/ 自分の中身を磨くのが / 一番大事なことですが、/ 社会生活には / それだけでは足りません。//

アメリカのある心理学者は、/ 第一印象は / 最初の4分ほどで決まる / と言いました。// 異性に一目ぼれするのに / かかる時間が / 平均6秒 / という統計もあります。//

また、他の心理学者は、第一印象を評価する基準の中で、外見が半分以上を占めると主張しました。

人間の脳構造の特性上、男性は、相手の顔のひとつひとつの部分を観察し、女性は全体的なスタイルを見る傾向があると言われています。ですから、女性は、化粧に気をつけ、男性は、ジャケット、シャツ、ネクタイ、靴のトータルファッションに気を配ったほうがいいのです。

皆さんも、実力と共に、是非、自分をアピールする力を養って欲しいと思います。では、これで私の話を終わります。何かご意見、ご質問がありましたら、どうぞ。

16. 面接の自己アピール（就職試験） CD2-42

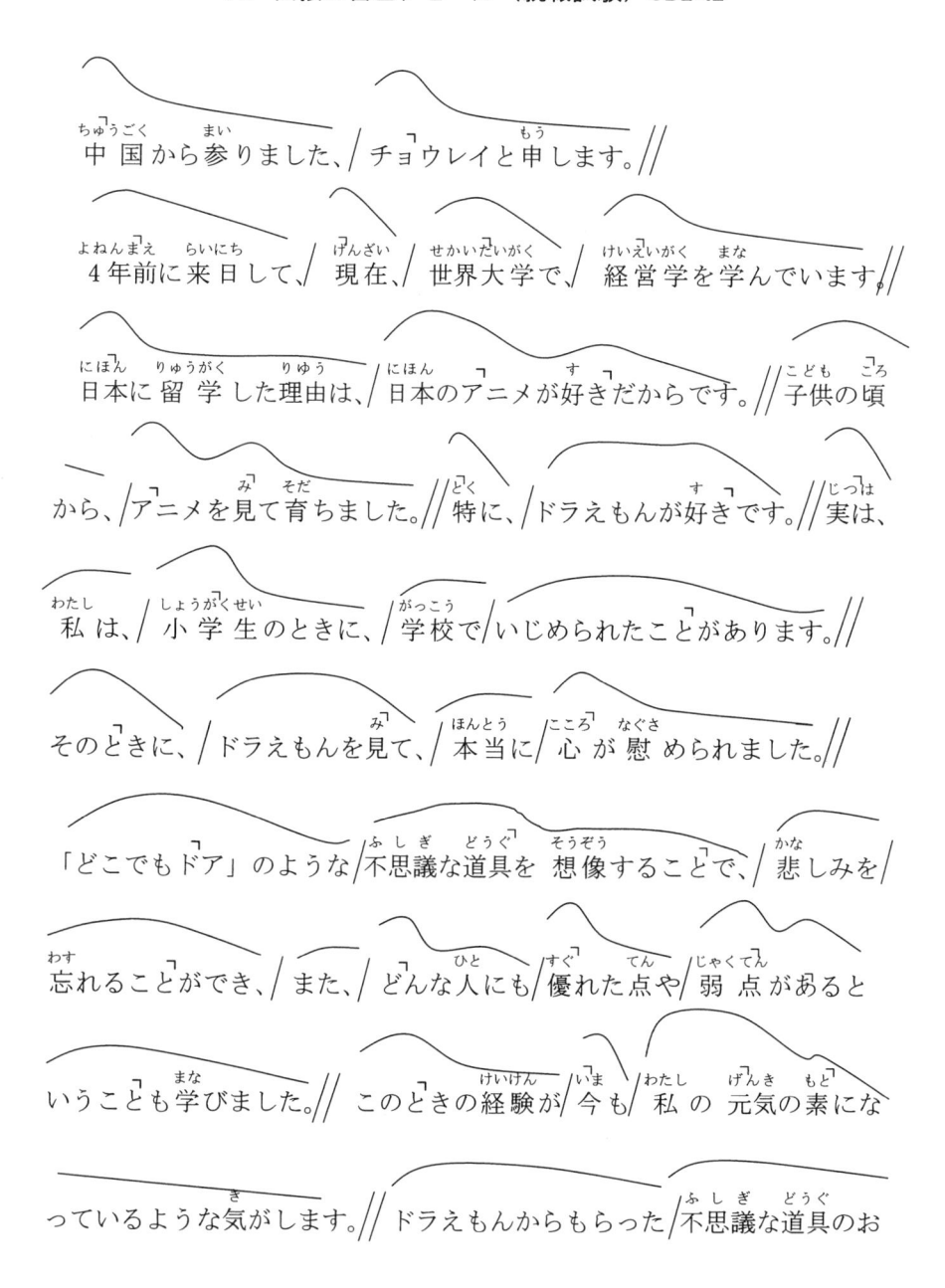

中国から参りました、/ チョウレイと申します。//

4年前に来日して、/ 現在、/ 世界大学で、/ 経営学を学んでいます。//

日本に留学した理由は、/ 日本のアニメが好きだからです。// 子供の頃から、/ アニメを見て育ちました。// 特に、/ ドラえもんが好きです。// 実は、/ 私は、/ 小学生のときに、/ 学校でいじめられたことがあります。// そのときに、/ ドラえもんを見て、/ 本当に心が慰められました。// 「どこでもドア」のような/ 不思議な道具を想像することで、/ 悲しみを/ 忘れることができ、/ また、/ どんな人にも/ 優れた点や/ 弱点があるということも学びました。// このときの経験が/ 今も/ 私の元気の素になっているような気がします。// ドラえもんからもらった/ 不思議な道具のお

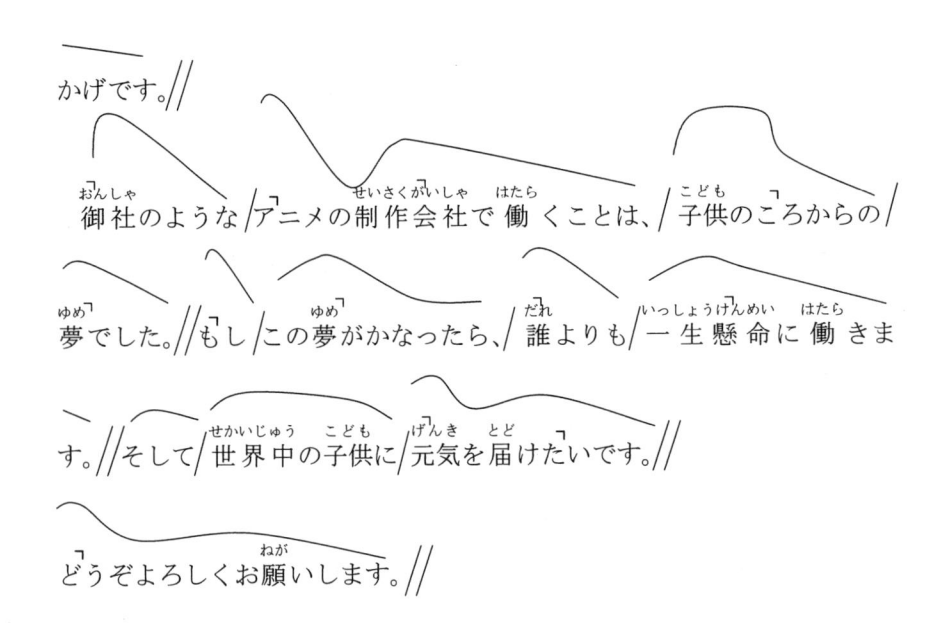

かげです。//
御社のような/アニメの制作会社で働くことは、/子供のころからの/夢でした。//もし/この夢がかなったら、/誰よりも/一生懸命に働きます。//そして/世界中の子供に/元気を届けたいです。//
どうぞよろしくお願いします。//

17. プレゼンテーション CD2-43

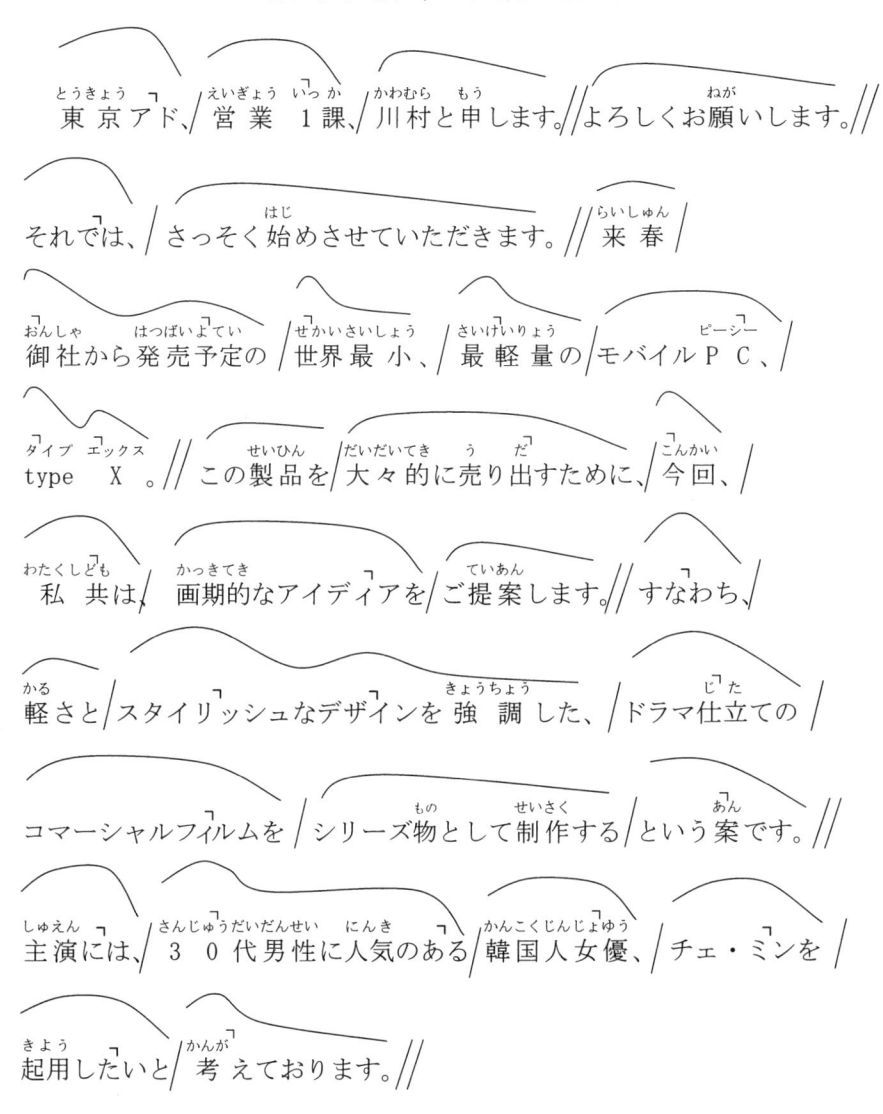

東京アド、/営業1課、/川村と申します。//よろしくお願いします。//

それでは、/さっそく始めさせていただきます。//来春/

御社から発売予定の/世界最小、/最軽量の/モバイルＰＣ、/

type X。//この製品を/大々的に売り出すために、/今回、/

私共は、/画期的なアイディアを/ご提案します。//すなわち、/

軽さと/スタイリッシュなデザインを強調した、/ドラマ仕立ての/

コマーシャルフィルムを/シリーズ物として制作する/という案です。//

主演には、/３０代男性に人気のある/韓国人女優、/チェ・ミンを/

起用したいと/考えております。//

強調したいところでは、前後に十分ポーズを置き、ゆっくりと、あるいははっきりと発音するなど、工夫してみましょう。

18. 会話　フィラー、相づちの入れ方 CD2-44

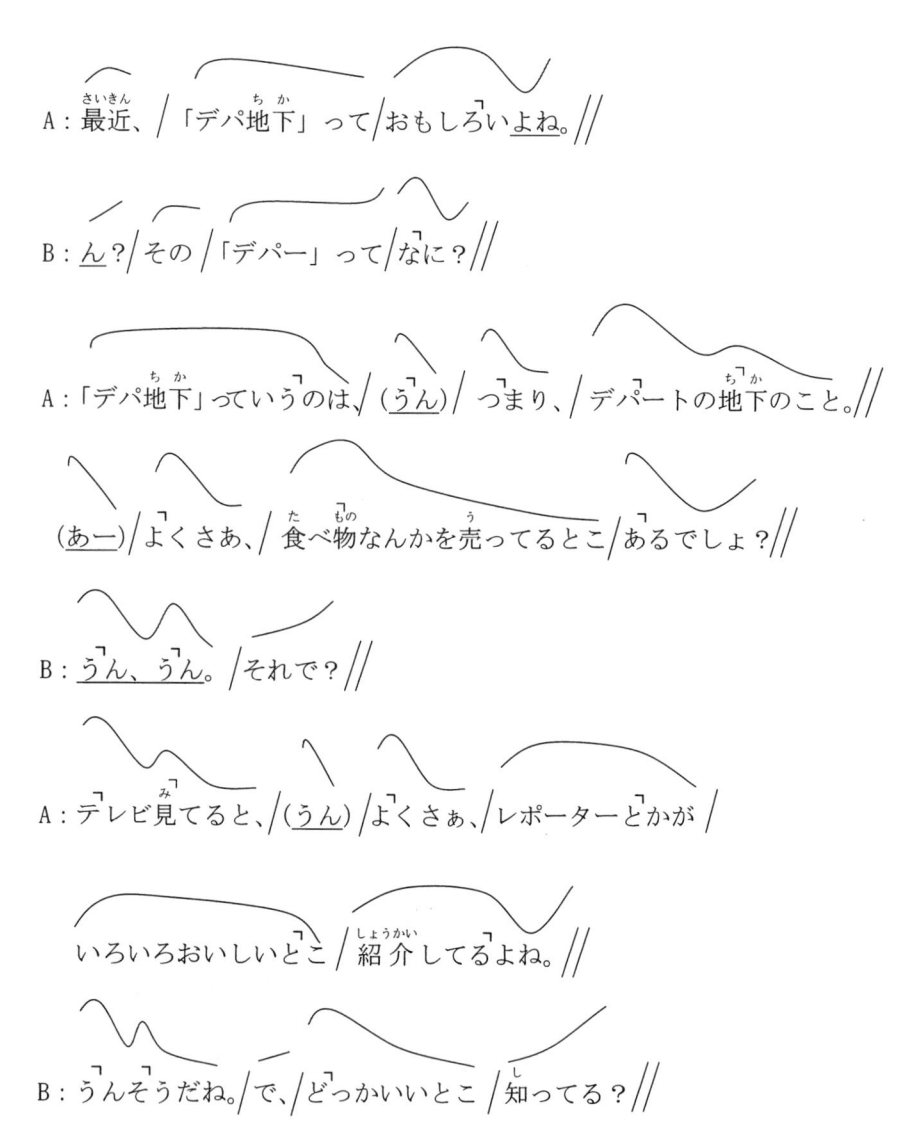

A：最近、「デパ地下」っておもしろいよね。

B：ん？その「デパー」ってなに？

A：「デパ地下」っていうのは、(うん) つまり、デパートの地下のこと。

(あー) よくさぁ、食べ物なんかを売ってるとこ あるでしょ？

B：うん、うん。それで？

A：テレビ見てると、(うん) よくさぁ、レポーターとかが

いろいろおいしいとこ 紹介してるよね。

B：うんそうだね。で、どっかいいとこ 知ってる？

A：あるよ。/（どこ？）/池袋西武の地下に、/（うん）/
アイスクリームのおいしいとこあるよ。//

B：それって、/普通ジャン？//

A：ううん。/豆腐とか、/かぼちゃとか、/納豆なんかの/アイスなんだよ。//

B：まじで！？//

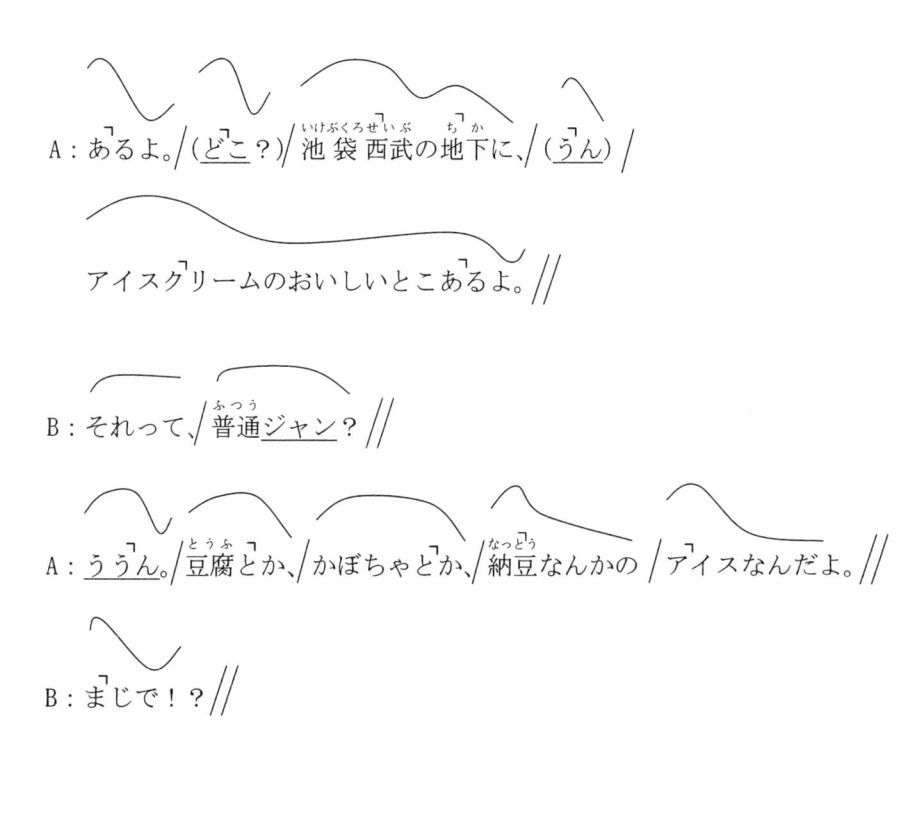

「たべもの」でもいいです。

ユニット 6　スピーチについて CD1-49

　皆さん、こんにちは。本日の発表を担当させていただきますジョン・ミョンヒと申します。
　今日は「失敗しないスピーチ」というテーマでお話ししたいと思います。
　失敗するスピーチのほとんどの場合が、「緊張」によるものです。それは、言い換えますと、緊張さえしなければ、うまいスピーチができるということにもなります。そこで私は「緊張しないで話せるコツ」を3つ提案したいと思います。
　まず、ひとつ目は「事前にしっかり練習をしておくこと」です。
　緊張の主な原因は「練習不足」です。前もって練習しておくと、その分、失敗を避けることができます。スピーチの原稿が出来上がったら、一週間前から、練習に入りましょう。もちろん、原稿どおりに覚える必要は全くありません。ただ、流れとポイントをしっかりつかんで練習することが重要です。そして本番では、その流れに沿って、自由に話せばいいんです。簡単でしょう？
　2つ目は、「スピーチを始める前に一度深呼吸をすること」です。
　人の前に立つと人間は誰しも緊張するはずです。その時、しばらく天井を見ながら一度大きく深呼吸をしてみましょう。そして、頭の中で「私はできる」というふうに小さく言ってみましょう。この何気ない行動が、みなさんをリラックスさせて、スムーズなスピーチができるようにしてくれるはずです。
　最後に3つ目は、「最初のうちは友人とアイコンタクトすること」です。
　普段、スピーチの時に聞き手と目を合わせることが大事だとよく言われています。確かにその通りです。しかしあがり症の人は、それが思うようにできないんです。人前に立つとすぐ緊張してしまって、アイコンタクトはともかく、頭が真っ白になってしまうのです。その時は、まず、友人とアイコンタクトをしてみましょう。最初のうちはその友人に向かって話をする感覚で、スタートします。そして、ある程度緊張が解けた段階で、視線をみんなへと向けましょう。より自然なスピーチができると思います。
　どうですか、みなさん。　いいスピーチができそうじゃありませんか。
　スピーチする時、この3つさえ心がければ、皆さんも、きっとより素敵な スピーチができると思います。今日は、「失敗しないスピーチ」というテーマでお話しいたしました。
　ご清聴、ありがとうございました。何かご質問などありましたら、どうぞ。

参考とした文献リスト

『NHK日本語発音アクセント辞典』NHK放送文化研究所編（1998）日本放送出版協会．
『新明解日本語アクセント辞典』（2001）三省堂

秋山和平（1997）「放送社会における音声教育」『日本語音声 [1] 諸方言のアクセントとイントネーション』三省堂、181-214．
東淳一（1997）「日本語の統語境界における F0 とモーラ長のふるまいについて」『文法と音声』くろしお出版、21-44．
鮎澤孝子・谷口聡人（1991）「日本語音声の韻律的特徴」文部省重点領域研究「日本語声」D1 班 1990 年度研究成果報告書『日本語の韻律に見られる母語の干渉 - 音響音声学的対照研究 - 』1-24．
川上蓁（1961）「言葉の切れ目と音調」『國學院雑誌』第 62 巻 5 号、國學院大学、67-75．
窪薗晴夫（1995）『語形成と音韻構造』、くろしお出版．
―――（1998）『音声学・音韻論』、くろしお出版．
河野守夫（1997）「リスニングのメカニズムについての言語心理学的研究」ことばの科学研究会編、『ことばとコミュニケーション』第 1 巻、英潮社、5-31．
郡史郎（1996）「音声の特徴からみた文」『日本語学』第 15 巻 9 号、明治書院、60-70．
―――（1997）「「当時の村山首相」の 2 つの意味と 2 つの読み」『文法と音声』、くろしお出版、123-146．
小林めぐみ（2003）「東京語における形容詞アクセントの変化とその要因」『音声研究』第 7 巻第 2 号、日本音声学会、101-113．
斎藤純男（1997）『日本語音声学入門』、三省堂．
佐藤友則（1995）「単音と韻律が日本語音声の評価に与える影響力の比較」『世界の日本語教育』第 5 号、国際交流基金日本語国際センター、139-154．
佐藤大和（1989）「音韻に関わるピッチ特性の分析」『日本音響学会講演論文集』2-3-8、259-260．
杉藤美代子（1986）「ニュースの朗読音声の一般的評価と音響的特徴」大阪樟蔭女子大論集 23（『日本人の声』（1994）和泉書院、104-113 に再録）
―――（1996）『声にだして読もう！－朗読を科学する－』、明治書院．
杉藤美代子監修（1999）『アクセント・イントネーション・リズムとポーズ』、三省堂．
田中真一・窪薗晴夫（1999）『日本語の発音教室 理論と練習』、くろしお出版．
Taylor, D.S. (1993) Intonation and accent in English: What teachers need to know.

International Review of Applied Linguistics in Language Teaching, 1-21.
土岐哲（1986）「音声の指導」『講座日本語と日本語教育 13 - 日本語教育教授法（上）』、明治書院、111-138.
戸田貴子（2004）『コミュニケーションのための日本語発音レッスン』、スリーエーネットワーク．
中川千恵子（2001a）『日本語学習者のプロソディー習得とその指導法』お茶の水女子大学 2000 年度博士論文（未公刊）
──────（2001b）「「へ」の字型イントネーションに注目したプロソディー指導の試み」『日本語教育』第 110 号、日本語教育学会、140-149.
──────（2001c）「発音クラスにおけるプロソディー指導－ピッチカーブを利用した指導法の実践－」『講座日本語教育』第 37 分冊、早稲田大学日本語研究教育センター、99-119.
中川千恵子・西郡仁朗・鮎澤孝子・法貴則子（1997）「東京語アクセントの聞き取り練習用語彙リスト」新プロ「日本語」研究班 3 平成 8 年度研究報告書『21 世紀の日本語音声教育に向けて』、231-252.
中村則子（2007）「発音クラス授業報告」『東京外国語大学留学生日本語教育センター論集』第 33 号、東京外国語大学留学生日本語教育センター、179-189.
藤崎博也（1989）「日本語の音調の分析とモデル化」『講座日本語と日本語教育 2 - 日本語の音声・音韻（上）』明治書院、266-297.
Beckman, M. E. & J. B. Pierrehumbert （1987）「東京語の音調構造」郡史郎(訳)『音声言語Ⅱ』近畿音声言語研究会、1-22.
前川喜久雄（1998）「音声学」『岩波講座 言語の科学 2 音声』、岩波書店、1-52.
松崎寛・河野俊之（2005）「アクセントの体系的教育を目的とした音声評価研究」『日本語教育』 125 号、日本語教育学会、57-66.

図を作るのに使用した音声分析ソフト　SIL Speech Analyzer Version 2. 6

簡単辞書

簡単辞書

目次

- I　名字と名前 …………………………………………………………… 1
- II　動詞のアクセント活用表 …………………………………………… 2
- III　イ形容詞のアクセント活用表 ……………………………………… 8
- IV　ナ形容詞のアクセント活用表 ……………………………………… 12
- V　複合名詞 ……………………………………………………………… 14
- VI　接続詞・副詞 ………………………………………………………… 15
- VII　数詞 …………………………………………………………………… 16
- VIII　助数詞
  - 1. ～日 ……………………………………………………………… 17
  - 2. ～月 ……………………………………………………………… 18
  - 3. ～年 ……………………………………………………………… 18
  - 4. ～時 ……………………………………………………………… 18
  - 5. ～分 ……………………………………………………………… 19
  - 6. ～秒 ……………………………………………………………… 19
  - 7. ～時半　～時間　～時間目　～週間　～か月　～年間 …… 19
  - 8. ～ぐらい、～ごろ ……………………………………………… 19
  - 9. ひとつ、ふたつ・・・ ………………………………………… 20
  - 10. ～人 ……………………………………………………………… 20
  - 11. ～歳　～個　～頭　～通 ……………………………………… 20
  - 12. ～枚　～台 ……………………………………………………… 20
  - 13. ～本　～杯 ……………………………………………………… 21
  - 14. ～番 ……………………………………………………………… 21
  - 15. ～件　～軒 ……………………………………………………… 21
  - 16. ～冊　～足　～着　～曲 ……………………………………… 21
  - 17. ～匹 ……………………………………………………………… 22
  - 18. ～階 ……………………………………………………………… 22

19. ～点　～回	22
20. ～人前	22
21. ～目の	23
22. ～皿　～部屋　～間（ま）　～口	23
23. ～箱	23
24. ～円	24

補足　百について ……………………………………………………31

オンライン日本語アクセント辞書(OJAD)紹介 ……………………………32

I　名字と名前

I　名字
1. 2拍の頭高型：スギ（杉）　　タニ（谷）　　カジ（梶）　　サジ（佐治）
2. 2拍の平板型：モリ（森）　　アベ（安部）　　ホリ（堀）　　ドイ（土井）
3. 3拍の場合は平板型が多い。それ以外は頭高型。

　頭高：サトウ（佐藤）　　カトウ（加藤）　　シミズ（清水）　　ハラダ（原田）
　　　　タムラ（田村）　　サカイ（酒井）　　スドウ（須藤）　　ツノダ（角田）
　平板：タナカ（田中）　　イトウ（伊藤）　　ハヤシ（林）　　イケダ（池田）
　　　　オカダ（岡田）　　ヨシダ（吉田）　　オガワ（小川）　　ゴトウ（後藤）
　　　　カネコ（金子）　　イシダ（石田）　　ウチダ（内田）　　ササキ（佐々木）

4. 4拍の場合は平板型が多い。それ以外は中高型がほとんど。

　平板：ワタナベ（渡辺）　　　ヤマモト（山本）　　　ナカムラ（中村）
　　　　コバヤシ（小林）　　　サイトウ（斉藤）　　　イノウエ（井上）
　　　　ハシモト（橋本）　　　ハセガワ（長谷川）　　コンドウ（近藤）
　中高：タカハシ（高橋）　　　ヤマグチ（山口）　　　ヤマザキ（山崎）
　　　　ヤマシタ（山下）　　　ナカガワ（中川）　　　ミヤザキ（宮崎）
　頭高：エンドウ（遠藤）　　　アンドウ（安藤）　　　シンドウ（進藤）

II　名前
1. 2拍の場合は頭高型が多い：サキ　アヤ　リョー
2. 3拍の場合

頭高：「コ」「キ」「ト」「ジ」「タ」「ロウ」で終わるものと形容詞から来た名前
　　　ノリコ　　チエコ　　ヨシキ　　ケンジ　　ケンタ　　ダロウ　　アキラ
平板：「エ」「ヨ」「ミ」「オ」で終わるものと動詞から来た名前
　　　カズエ　　マサヨ　　キヨミ　　ヨシオ　　マモル　　ミノル　　カオル

Ⅱ　動詞のアクセント活用表

動詞、イ形容詞のアクセント活用表の使い方
1. 動詞、イ形容詞が平板型か－2型かを調べます（簡単辞書、またはアクセント辞典ですぐに調べられます）。
2. もし、それが平板型なら、平板型の列を、－2型なら－2型の列を上から下に見ていき、調べたい形と交わったところを見ます。

例：「食べたい」という形を調べる場合
1. 簡単辞書 pp. 5～6 または、アクセント辞典で、「食べる」という動詞が平板型か、－2型かを調べます。→「たべる」－2型であることがわかります。
2. 表の左から2列目の「調べたい形」を上から下に見ていき、「～たい」を見つけます。
3. 「～たい」の行の－2型のところを見ます。→「つくりたい」と書いてあるので、「食べたい」は「たべたい」であるということがわかります。

上段は基本の形、下段は許容され、よく使われている形です。

	調べたい形	平板型動詞	－2型動詞
○○ます	～ます	はこびます	つくります
	～かた	はこびかた	つくりかた
		はこびかた	つくりかた
	～にいく	はこびにいく	つくりにいく
	～たい	はこびたい	つくりたい
		はこびたい	
	～なさい	はこびなさい	つくりなさい
	～ながら	はこびながら	つくりながら
		はこびながら	
	お～する	おはこびする	おつくりする
	～そうだ	はこびそうだ	つくりそうだ
	～すぎる	はこびすぎる	つくりすぎる
	～はじめる	はこびはじめる	つくりはじめる

	調べたい形	平板型動詞	－２型動詞
〇〇ます	お〜になる	おはこびになる	おつくりになる
	お〜ください	おはこびください	おつくりください
〇〇て	〇〇て	はこんで	つくって
	ください	はこんでください	つくってください
	いる	はこんでいる	つくっている
	もいい	はこんでもいい	つくってもいい
	もかまわない	はこんでもかまわない	つくってもかまわない
	はいけない	はこんではいけない	つくってはいけない
	みる	はこんでみる	つくってみる
	いく	はこんでいく	つくっていく
	あげる	はこんであげる	つくってあげる
	もらう	はこんでもらう	つくってもらう
	くれる	はこんでくれる	つくってくれる
	いただく	はこんでいただく	つくっていただく
	くださる	はこんでくださる	つくってくださる
	ある	はこんである	つくってある
	おく	はこんでおく	つくっておく
	しまう	はこんでしまう	つくってしまう
	ばかりいる	はこんでばかりいる	つくってばかりいる
	いるあいだ	はこんでいるあいだ	つくっているあいだ
〇〇た	〇〇た	はこんだ	つくった
	あとで	はこんだあとで	つくったあとで
	り	はこんだり	つくったり
	ら	はこんだら	つくったら
	ほうがいい	はこんだほうがいい	つくったほうがいい
	まま	はこんだまま	つくったまま
	ばかりだ	はこんだばかりだ	つくったばかりだ
〇〇る	〇〇る	はこぶ	つくる
	まえに	はこぶまえに	つくるまえに

	調べたい形	平板型動詞	－2型動詞
○○る	ことができる	はこぶことができる	つくることができる
	ことだ	はこぶことだ	つくることだ
	と（仮定）	はこぶと	つくると
	ために	はこぶために	つくるために
	なら	はこぶなら	つくるなら
	のに	はこぶのに	つくるのに
	とちゅうで	はこぶとちゅうで	つくるとちゅうで
	たびに	はこぶたびに	つくるたびに
	ことにする	はこぶことにする	つくることにする
	つもりだ	はこぶつもりだ	つくるつもりだ
	ようにする	はこぶようにする	つくるようにする
	が	はこぶが	つくるが
	かどうか	はこぶかどうか	つくるかどうか
	でしょう	はこぶでしょう	つくるでしょう
	から	はこぶから	つくるから
	とおもう	はこぶとおもう はこぶとおもう	つくるとおもう
	とき	はこぶとき はこぶとき	つくるとき
	ときに	はこぶときに はこぶときに	つくるときに
	ので	はこぶので	つくるので
	のだ	はこぶのだ	つくるのだ
	し	はこぶし	つくるし
	のは	はこぶのは	つくるのは
	ことがある	はこぶことがある	つくることがある
	かもしれない	はこぶかもしれない	つくるかもしれない
	ようだ	はこぶようだ	つくるようだ

	調べたい形	平板型動詞	ー2型動詞
○○る	だろう	はこぶだろう はこぶだろう	つくるだろう
	はずだ	はこぶはずだ	つくるはずだ
	ばあい	はこぶばあい	つくるばあい
	らしい	はこぶらしい	つくるらしい つくるらしい
○○ない	○○ない	はこばない はこばない	つくらない
	と	はこばないと はこばないと	つくらないと
	でください	はこばないでください	つくらないでください
	(な)ければならない	はこばなければならない	つくらなければならない
	(な)くてもいい	はこばなくてもいい	つくらなくてもいい
	ほうがいい	はこばないほうがいい	つくらないほうがいい
	で	はこばないで	つくらないで
	(な)くても	はこばなくても	つくらなくても
	ずに	はこばずに	つくらずに
○○ば	○○ば	はこべば	つくれば
可能形		はこべる	つくれる
使役形		はこばせる	つくらせる
受身形		はこばれる	つくられる
使役受身形		はこばせられる はこばされる	つくらせられる つくらされる

複合動詞：ー2型になることが多い

例：とじこもる　あるきまわる

平板型動詞　（アイウエオ順）

あがる	あく	あける	あげる	あそぶ	あたる	あびる
あらう	いう	いく	いただく	いる	いれる	うけとる
うたう	うまれる	うる	おく	おくる	おくれる	おこなう
おしえる	おす	おどる	おわる	かう	変える	かざる
かす	かりる	かわる	きえる	きく	きこえる	きめる
着る	くらべる	けす	こおる	ころす	さがす	さしあげる
さそう	さわる	しく	しずむ	しぬ	しまう	しらせる
しる	すう	すく	すすむ	すてる	する	すわる
たたかう	たりる	つづける	とぶ	とまる	とめる	なく
なくなる	ならぶ	にる	ねる	のせる	のぞく	のぼる
のる	はく(靴を)	はこぶ	はじまる	はじめる	はずす	はたらく
はる	ひく	ひろう	ふく	ふむ	へる	まがる
まける	みおくる	みがく	みつける	むかえる	むく	やく
やける	やせる	やめる	やる	ゆれる	よぶ	よる
わかす	わすれる	わたす	わたる	わらう	わる	われる

ー２型動詞　（アイウエオ順）

あいする	あう	あつまる	あつめる	あるく	いそぐ	いたす
うける	うごく	うつ	うつす	えらぶ	おいかける	おきる
おこす	おこる	おちる	おっしゃる	おとす	おぼえる	おもいだす
おもう	およぐ	おりる	おる	おれる	おろす	かかる
かく	かける	かぞえる	かたづける	かつ	かぶる	かむ
かわく	かんがえる*	がんばる	ききとる	切る	きれる	くださる
組む	くもる	くる	ける	こたえる	ことわる	こまる

こむ	こわす	こわれる	さがる	さく	さげる	さす	
さわぐ	しまる	しめる	しゃべる	しらべる	すむ	そだつ	
そだてる	そる	たおれる	だす	たすける	たたく	たつ	
たてる	たのむ	たべる	つかれる	つく	つくる	つける	
つとめる	つもる	できる	てつだう	でる	とる	とれる	
なおす	ながれる	なぐる	なげる	なさる	なまける	なる	
なれる	ぬぐ	ぬすむ	のこる	のべる	のむ	のりかえる	
はえる	はかる	はしる	はなす	はらう	晴れる	ひかる	
ひやす	ひらく	ふえる	ふとる	降る	ほめる	まぜる	
まちがえる	まつ	まねく	まもる	まよう	みせる	みる	
もつ	もってくる	やすむ	やぶる	やぶれる	ゆるす	よむ	
よろこぶ	わかる						

＊「かんがえる」でもいいです。

その他

かえす　　かえる（帰る）　くりかえす　とおす　とおる　はいる
まいる　　もうす

III　イ形容詞のアクセント活用表

上段は規範的な形（アクセント辞書に掲載されている形）、下段はよく使われている簡単な形です。（使い方はp.2を参考にしてください）

	調べたい形	平板型イ形容詞	－2型イ形容詞
○○い	～。	あかい。 あか￣い。	あお￣い。
	です	あか￣いです	あお￣いです
	＋名詞	あかい花	あお￣い花
	でしょう	あか￣いでしょう あかいでしょ￣う	あお￣いでしょう
	かどうか	あか￣いかどうか	あお￣いかどうか
	から	あか￣いから	あお￣いから
	とおもう	あか￣いとおもう あかいとおも￣う	あお￣いとおもう
	ので	あか￣いので	あお￣いので
	のだ	あか￣いのだ	あお￣いのだ
	し	あか￣いし	あお￣いし
	のは	あか￣いのは	あお￣いのは
	と（仮定）	あか￣いと あかい￣と	あお￣いと
	からだ	あか￣いからだ	あお￣いからだ
	なら（ば）	あか￣いならば	あお￣いならば
	かもしれない	あか￣いかもしれない	あお￣いかもしれない
	ようだ	あか￣いようだ	あお￣いようだ
	のに	あか￣いのに	あお￣いのに
	そうだ	あか￣いそうだ	あお￣いそうだ
	だろう	あか￣いだろう あかいだろ￣う	あお￣いだろう
	ほうだ	あか￣いほ￣うだ	あお￣いほうだ
	はずだ	あか￣いはずだ	あお￣いはずだ

	調べたい形	平板型イ形容詞	－2型イ形容詞
○○い	ばあいは	あかいばあいは	あおいばあいは
	らしい	あかいらしい	あおいらしい / あおいらしい
○○くて	～、	あかくて、	あおくて、 / あおくて、
	もいい	あかくてもいい	あおくてもいい / あおくてもいい
	もかまわない	あかくてもかまわない	あおくてもかまわない / あおくてもかまわない
	はいけない	あかくてはいけない	あおくてはいけない / あおくてはいけない
	はだめだ	あかくてはだめだ	あおくてはだめだ / あおくてはだめだ
	も、	あかくても	あおくても、 / あおくても、
○○く	～、	あかく	あおく
	なる	あかくなる	あおくなる / あおくなる
	する	あかくする	あおくする / あおくする
	ありません	あかくありません / あかくありません	あおくありません / あおくありません
	ありませんでした	あかくありませんでした / あかくありませんでした	あおくありませんでした / あおくありませんでした
	ない	あかくない* / あかくない	あおくない / あおくない
	なかった	あかくなかった* / あかくなかった	あおくなかった / あおくなかった

	調べたい形	平板型イ形容詞	－２型イ形容詞
○○く	なさそうだ	あか̄くなさ̄そうだ*	あ̄おくなさそうだ
		あか̄くなさそうだ	あ̄おくなさそうだ
	ないそうだ	あか̄くな̄いそうだ*	あ̄おくないそうだ
		あか̄くないそうだ	あ̄おくないそうだ
	なければならない	あか̄くな̄ければならない*	あ̄おくなければならない
		あか̄くなければならない	あ̄おくなければならない
	なくてもいい	あか̄くな̄くてもいい*	あ̄おくなくてもいい
		あか̄くなくてもいい	あ̄おくなくてもいい
○○い	かった	あか̄かった	あ̄おかった
			あ̄おかった
	かったら	あか̄かったら	あ̄おかったら
			あ̄おかったら
	ければ	あか̄ければ	あ̄おければ
			あ̄おければ
	そうだ	あか̄そうだ	あ̄おそうだ
		あか̄そうだ	
	すぎる	あか̄すぎる	あ̄おすぎる

＊ 拍数の少ないものでは、規範ルールである「な」にアクセント核を置く形（例：「あかくな̄い」）がよく使われます。また拍数の多いものでは、簡単ルールの、語幹の－１にアクセント核を置く形（例：「むずかし̄くない」）がよく使われます。その場合、「し」が無声化しますので、気をつけましょう。

平板型イ形容詞　（アイウエオ順）

あつい（厚い）	あまい	うすい	おいしい	おそい
おもい	かたい	かなしい	かるい	きいろい
くらい	つめたい	とおい	ねむい	まるい
むずかしい	やさしい			

－２型イ形容詞　(アイウエオ順)

あおい	あたたかい	あたらしい	あつい（暑い）	あつい(熱い)
いい（よい）	いそがしい	いたい	うつくしい	うまい
うるさい	うれしい	おおきい	からい	かわいい
きたない	きびしい	くさい	くるしい	くろい
こわい	さびしい	さむい	しろい	すくない
すごい	すずしい	すっぱい	すばらしい	たかい
ただしい	たのしい	ちいさい	ちかい	つよい
ない	ながい	はずかしい	はやい	ひくい
ひどい	ふかい	ふとい	ふるい	ほしい
ほそい	まずい	みじかい	めずらしい	やすい
やわらかい	よろしい	よわい	わかい	わるい

それ以外
お￢おい

複合形容詞

かなしい	ものがな￢しい
まるい	まんまる￢い

ぬ￢るい	なまぬ￢るい
つよ￢い	ちからづよ￢い

形容詞の名詞化
　平板型イ形容詞から作られる名詞は平板型、－２型イ形容詞から作られる名詞は語幹の－２にアクセント核が置かれます。

あまい	あまさ	あまみ
あかるい	あかるさ	あかるみ

わか￢い	わか￢さ
わかわか￢しい	わかわか￢しさ

IV ナ形容詞のアクセント活用表

ここでは、平板型と頭高型のみ紹介します。中高、尾高型については、頭高型と同様、アクセント核で下がればいいです。上段は規範的な形（アクセント辞書に掲載されている形）、下段はよく使われている簡単な形です。

	調べたい形	平板型	頭高型
○○な	＋名詞	ひまな と̚き	げ̚んきなとき
		ひまな と̚き	
	ので（のは）	ひまな̚ので（なのは）	げ̚んきなので（なのは）
	ようだ	ひまなよ̚うだ	げ̚んきなようだ
	のに	ひまな̚のに	げ̚んきなのに
	ほうだ	ひまなほ̚うだ	げ̚んきなほうだ
	はずだ	ひまなは̚ずだ	げ̚んきなはずだ
	ばあい	ひまなば̚あい	げ̚んきなばあい
○○な	です	ひまで̚す	げ̚んきです
	でした	ひまで̚した	げ̚んきでした
	でしょう	ひまでしょ̚う	げ̚んきでしょう
	だ	ひまだ	げ̚んきだ
	だった	ひまだ̚った	げ̚んきだった
	だろう	ひまだろ̚う	げ̚んきだろう
	かどうか	ひまか̚どうか	げ̚んきかどうか
	だから（だし）	ひまだ̚から（だし）	げ̚んきだから（だし）
	だと思う	ひまだとおも̚う	げ̚んきだとおもう
		ひまだとおもう	
	だったと思う	ひまだ̚ったとおもう	げ̚んきだったとおもう
	だったら	ひまだ̚ったら	げ̚んきだったら
	だと（仮定）	ひまだ̚と	げ̚んきだと
	なら	ひまな̚ら	げ̚んきなら
	かもしれない	ひまか̚もしれない	げ̚んきかもしれない
	だそうだ	ひまだそ̚うだ	げ̚んきだそうだ
	らしい	ひまらし̚い	げ̚んきらしい
			げ̚んきらしい

	調べたい形	平板型	頭高型
○○な	そうだ	ひまそうだ	げんきそうだ
	すぎる	ひますぎる	げんきすぎる
○○じゃ	ありません	ひまじゃありません	げんきじゃありません
	ない	ひまじゃない	げんきじゃない
	ないだろう	ひまじゃないだろう	げんきじゃないだろう
	ないと思う	ひまじゃないとおもう	げんきじゃないとおもう
	なかったと思う	ひまじゃなかったとおもう	げんきじゃなかったとおもう
	だめだ	ひまじゃだめだ	げんきじゃだめだ
	なければならない	ひまじゃなければならない	げんきじゃなければならない
	なくてもいい	ひまじゃなくてもいい	げんきじゃなくてもいい
	なくてもかまわない	ひまじゃなくてもかまわない	げんきじゃなくてもかまわない
○○で	もいい	ひまでもいい	げんきでもいい
○○に	なる	ひまになる	げんきになる
	する	ひまにする	げんきにする
	＋動詞	ひまに	げんきに

平板型 ナ形容詞　（アイウエオ順）

あんぜん	いろいろ	かくじつ	かって	かんたん	きけん	きゅう
きらい	けんこう	しあわせ	じょうぶ	しんぱい	すてき	せいかく
せいけつ	だいじ	たいせつ	たいへん	とく	とくべつ	ひつよう
ひま	ふあん	ふくざつ	ふしぎ	まじめ	みじか	むだ
ゆうめい	りっぱ	れいせい				

頭高型 ナ形容詞　（アイウエオ順）

| きれい | けっこう | げんき | しんせつ | だいきらい | ていねい | ねっしん |
| びんぼう | ふじゆう | ふべん | へん | べんり | みょう | |

中高型 ナ形容詞　（アイウエオ順）

ざんね｢ん　　しつ｢れい　　じゆ｢う　　じゅ｢うぶん　　だいじょ｢うぶ　　にぎ｢やか
ふしあ｢わせ　　ふじゅ｢うぶん　　まっ｢しろ　　めんど｢う

尾高型 ナ形容詞　（アイウエオ順）

いや｢　　じみ｢　　じょうず｢　　すき｢　　だめ｢　　はで｢　　へた｢　　らく｢

V　複合名詞

複合名詞になると、前の名詞のアクセント核が消え、以下のように変化することが多いです。

後ろの語が3、4拍または漢字語2文字の場合

a. 後ろの名詞が平板型か尾高型の場合→前の語のアクセントが消えて、後ろの語の1拍目にアクセント核が置かれます。

　　○｢○○＋●●●●→○○○●｢●●●

　　例：きょ｢うと＋だいがく→きょうとだ｢いがく

b. 後ろの語にアクセント核がある場合→前の語のアクセントが消えて、後ろの語のアクセント核が残ります。

　　○｢○○○＋●●｢●●→○○○○●●｢●●

　　例：ベンチャー＋ビ｢ジネス→ベンチャービ｢ジネス
　　　　じゅ｢う＋パーセ｢ント→じゅっパーセ｢ント

後ろの語が5拍以上または漢字語3文字以上の場合

前の語のアクセントが消えて、後ろの語のアクセント核が残ります。

　　例：げんし｢りょく＋はつでんしょ→げんしりょくはつで｢んしょ
　　　　ちゅうおう＋ゆうびんきょく→ちゅうおうゆうびん｢きょく

後部の語が1拍か2拍の場合（aが一番多く、bcの順で少なくなります）
a．前の語の最後の拍にアクセント核が置かれます。
　　ただし、前の語の最後の拍が特殊拍の場合は、核がひとつ前の拍に移ります。
　　○○○○＋●●→○○○○⌐●●
　　○○○◌＋●●→○○○̄◌●●　（◌は特殊拍）
　例：しんじゅく＋えき→しんじゅく⌐えき
　　　とうきょう＋えき→とうきょ⌐うえき
b．平板型になる場合もあります。　（アイウエオ順）
色（緑色／茶色／紫色）・**化**（一般化／本格化／少子化）・**課**（留学生課／教務課／経理課）・**家**（芸術家／建築家／小説家／専門家）・**科**（内科／小児科）・**画**（水彩画／水墨画／抽象画）・**型**（血液型／平板型）・**側**（向こう側／右側／日本海側）・**教**（イスラム教／キリスト教／ヒンズー教）・**金**（奨学金／予約金／手付金）・**語**（日本語／中国語／韓国語／ベトナム語／英語）・**産**（国産／中国産）・**場**（ゴルフ場／会場／飛行場／駐車場）・**性**（将来性／社会性／合理性／危険性）・**製**（日本製／自家製／外国製）・**体**（自治体）・**隊**（レスキュー隊／自衛隊）・**代**（水道代／新聞代／電気代）・**中**（電話中／話し中／食事中）・**的**（具体的／日本的／客観的／効果的／積極的／肉体的／精神的）・**党**（自民党／民主党／共産党）・**派**（改革派／反対派／印象派）・**病**（胃腸病／伝染病／糖尿病）・**風**（西洋風／和風／サラリーマン風）・**本**（単行本／文庫本）・**間**（床の間／茶の間）・**まね**（人まね／猿真似／物まね）・**向き**（万人向き／前向き／一般向き／女性向き）・**用**（家庭用／実験用／業務用）・**流**（自己流／草月流）
c．後ろの語の1拍目にアクセント核が置かれる場合もあります
ビル（高層ビ⌐ル／都庁ビ⌐ル）・**前**（駅ま⌐え／1時間ま⌐え）・**増**（1割ぞ⌐う／20％ぞ⌐う）

Ⅵ　接続詞・副詞

文頭に置かれることが多いことばを集めました。

平板型	あした・きっと・きのう・ぎゃくに・けっきょく・ことし・こんしゅう・さいきん・さいしょ・さきほど・しだいに・せんしゅう・そこで・そして・そのうえ・そのけっか・そのため・それから・それで・ちなみに・ときどき・なかなか・はじめ・また・まったく・らいねん・らいしゅう

頭高型	あさ・あるひ・いま・いわば・きょう・きょねん・けさ・げんざい・こんばん・さいごに・さて・さらに・じゃあ・しょっちゅう・そろそろ・たしかに・だが・だから・ちょっと・つまり・でも・では・とくに・とにかく・なお・なかには・なぜか・まず・もう・もし・ようは（要は）・らいげつ
中高型	いずれにせよ・いっぽう・いままで・おそらく・これまで・しかし・しかしながら・そのなかには・それでは・たとえば・つぎに・ところが・ところで・ますます・みなさん・もちろん・ようするに

Ⅶ　数詞

　数詞・助数詞は、日常的によく使われます。それだけに時代の流れとともに変化したり、人によってバリエーションがあったりします。下記はできるだけアクセント辞典に沿って書いたアクセントです。

いちです	にです	さんです	しです （よん）
ごです	ろくです	しちです （なな）	はちです
きゅうです	じゅうです	じゅういちです	じゅうにです
じゅうさんです	じゅうしです	じゅうごです	じゅうろくです
じゅうしちです	じゅうはちです	じゅうくです （じゅうきゅう）	にじゅうです
にじゅういちです	にじゅうにです	さんじゅうです	さんじゅうさんです
よんじゅうです	よんじゅうよんです	ごじゅうです	ごじゅうごです
ろくじゅうです	ろくじゅうろくです	ななじゅうです	ななじゅうななです

はちじゅうです	はちじゅうはちです	きゅうじゅうです	きゅうじゅうきゅうです
ひゃくです			

注：「です」をつけて、平板型、尾高型の違いを区別してください。

小数点（1.1　1.11　20.1　21.1 等）

れいてん／れいいち	いちてん／いち いってん／いち	にいてん／に	さんてん／さん
よんてん／よん	ごうてん／ご	ろくてん／ろく	ななてん／なな
はちてん／はち はってん／はち	きゅうてん／きゅう	じゅってん／ゼロ	いちてん／いちいち いってん／いちいち
にいてん／にいにい	さんてん／さんさん	よんてん／よんよん	ごうてん／ごうごう
ろくてん／ろくろく	ななてん／ななな	はちてん／はちはち はってん／はちはち	きゅうてん／きゅうきゅう
じゅってん／ゼロゼロ	じゅういってん／いち	じゅうにてん／に	じゅうさんてん／さん
じゅうよんてん／よん	じゅうごうてん／ご	にじゅっ きゅうじゅっ	てん／いち
にじゅう、さんじゅう、よんじゅう、ななじゅう、きゅうじゅう ごじゅう、ろくじゅう、はちじゅう		いってん／いち	

VIII　助数詞

1.　～日

ついたちです	ふつかです	みっかです	よっかです
いつかです	むいかです	なのかです	ようかです
ここのかです	とおかです	じゅういちにちです	じゅうににちです

じゅうさんにちです	じゅうよっかです	じゅうごにちです じゅうごにちです	じゅうろくにちです
じゅうしちにちです	じゅうはちにちです	じゅうくにちです じゅうくにちです	はつかです
にじゅういちにちです	にじゅうににちです	にじゅうさんにちです	にじゅうよっかです
にじゅうごにちです	にじゅうろくにちです	にじゅうしちにちです	にじゅうはちにちです
にじゅうくにちです	さんじゅうにちです	さんじゅういちにちです	

注：アクセント核が2つ以上ある場合、最初のアクセント核をはっきりすることが大事です。

2. ～月

いちがつです	にがつです	さんがつです	しがつです
ごがつです	ろくがつです	しちがつです	はちがつです
くがつです	じゅうがつです	じゅういちがつです	じゅうにがつです

3. ～年

いちねん	にねん	さんねん	よねん	ごねん
ろくねん	しちねん ななねん	はちねん	きゅうねん	じゅうねん
にじゅうねん	さんじゅうねん	ひゃくねん	にひゃくねん	さんびゃくねん
せんねん	にせんねん	にせん／いちねん	にせんよねん	にせんごねん
せんきゅうひゃく／はちじゅうねん		せんきゅうひゃく／はちじゅういちねん		

4. ～時

いちじ	にじ	さんじ	よじ	ごじ	ろくじ
しちじ	はちじ	くじ	じゅうじ	じゅういちじ	じゅうにじ

5. ～分

いっぷん	にふん	さんぷん	よんぷん	ごふん
ろっぷん	ななふん	はちふん / はっぷん	きゅうふん	じゅっぷん
じゅういっぷん、じゅうにふん～		にじゅっぷん、さんじゅっぷん～		
にじゅう・さんじゅう・よんじゅう・ごじゅう・ろくじゅう／いっぷん～				

6. ～秒

いちびょう	にびょう	さんびょう	よんびょう	ごびょう
ろくびょう	ななびょう / しちびょう	はちびょう	きゅうびょう	じゅうびょう
にじゅうびょう、さんじゅうびょう～		にじゅう／いちびょう、さんじゅう／にびょう～		

7. ～時半　～時間　～時間目　～週間　～か月　～年間

いちじはん	にじはん	さんじはん～
いちじかん	にじかん	さんじかん～
いちじかんめに	にじかんめに	さんじかんめに
いっしゅうかん	にしゅうかん	さんしゅうかん～
いっかげつ	にかげつ	さんかげつ～
いちねんかん	にねんかん	さんねんかん～

8. ～ぐらい、～ごろ

～ぐらい	ひとりぐらい	いちじかんぐらい
～ごろ	いちじごろ	じゅうごにちごろ

注：助数詞のアクセントは消えて、「～ぐらい、～ごろ」というアクセントになります。

9. ひとつ、ふたつ～

ひとつ	ふたつ	みっつ	よっつ	いつつ
むっつ	ななつ	やっつ	ここのつ	とお

10. ～人

ひとり	ふたり	さんにん	よにん	ごにん
ろくにん	ななにん しちにん	はちにん	きゅうにん	じゅうにん
じゅういちにん	じゅうにんにん	じゅうさんにん	じゅうよにん じゅうよにん	じゅうごにん じゅうごにん
じゅうろくにん	じゅうななにん じゅうしちにん	じゅうはちにん	じゅうきゅうにん	にじゅうにん
にじゅう／いちにん、さんじゅう／いちにん～					

注：副詞的に使うときは、「さんにんいる。よにんいる…」のように平板型になります。

11. ～歳　～個　～頭（とう）～通

いっさい	にさい	さんさい	よんさい	ごさい
ろくさい	ななさい	はちさい はっさい	きゅうさい	じゅっさい
にじゅっさい、さんじゅっさい～		にじゅう／いっさい、さんじゅう／いっさい～		

注：「ろっこ」

12. ～枚　～台

いちまい	にまい	さんまい	よんまい	ごまい
ろくまい	ななまい しちまい	はちまい	きゅうまい	じゅうまい
にじゅうまい、さんじゅうまい～		にじゅう／いちまい、さんじゅう／いちまい～		

13. ～本　～杯

いっぽん	にほん	さんぼん	よんほん	ごほん
ろっぽん	ななほん	はちほん / はっぽん	きゅうほん	じゅっぽん
にじゅっぽん、さんじゅっぽん～		にじゅう／いっぽん、さんじゅう／いっぽん～		

14. ～番

いちばん	にばん	さんばん	よんばん（よばん）	ごばん
ろくばん	ななばん	はちばん	きゅうばん	じゅうばん
じゅういちばん	じゅうにばん	じゅうさんばん	じゅうよんばん	じゅうごばん じゅうごばん
じゅうろくばん	じゅうななばん	じゅうはちばん	じゅうきゅうばん	にじゅうばん

15. ～件　～軒

いっけん	にけん	さんげん	よんけん	ごけん
ろっけん	ななけん	はちけん / はっけん	きゅうけん	じゅっけん
にじゅっけん、さんじゅっけん～		にじゅう／いっけん、さんじゅう／いっけん～		

16. ～冊　～足　～着　～曲

いっさつ	にさつ	さんさつ	よんさつ	ごさつ
ろくさつ	ななさつ	はっさつ	きゅうさつ	じゅっさつ
にじゅっさつ、さんじゅっさつ～		にじゅう／いっさつ、さんじゅう／いっさつ～		

注：6足は「ろくそく」とも発音します。

17. 〜匹

いっぴき	にひき	さんびき	よんひき	ごひき
ろっぴき ろっぴき	ななひき しちひき	はちひき はっぴき	きゅうひき	じゅっぴき
にじゅっぴき、さんじゅっぴき〜		にじゅういっぴき、さんじゅういっぴき〜		

18. 〜階

いっかい	にかい	さんがい	よんかい	ごかい
ろっかい	ななかい しちかい	はちかい はっかい	きゅうかい	じゅっかい
じゅういっかい〜	にじゅっかい〜	にじゅういっかい、さんじゅういっかい〜	

19. 〜点 〜回

いってん いってん	にてん にてん	さんてん さんてん	よんてん よんてん	ごてん ごてん
ろくてん ろくてん	なナてん なナてん	はちてん はってん はちてん はってん	きゅうてん きゅうてん	じゅってん じゅってん
にじゅってん、さんじゅってん〜		にじゅう／いってん、さんじゅう／いってん〜 にじゅう／いってん、さんじゅう／いってん〜		

注：副詞の場合は平板型　例：イチローがいってん入れた。
　　名詞の場合は中高型　例：いってんでは足りない。

20. 〜人前

いちにんまえ	ににんまえ	さんにんまえ	よにんまえ	ごにんまえ
ろくにんまえ	しちにんまえ ななにんまえ	はちにんまえ	きゅうにんまえ	じゅうにんまえ

21. ～目の

いっかいめの	にかいめの	さんかいめの	よんかいめの
いちどめの	にどめの	さんどめの	よんどめの
いちじかんめの	にじかんめの	さんじかんめの	よじかんめの
ひとつめの	ふたつめの	みっつめの	よっつめの

注：助数詞のアクセントは消えて、「～め」というアクセントになります。しかし、平板化して、「いっかいめの」「いちどめの」と言う人もいます。

22. ～皿　～部屋　～間（ま）　～口

ひとさら	ふたさら	さんさら みさら	よんさら	ごさら
ろくさら	ななさら	はちさら はっさら	きゅうさら	じゅっさら
じゅういちさら、じゅうにさら～		にじゅう／いちさら、さんじゅう／いちさら～		

注：「じゅういっさら、にじゅういっさら～」もあります。

23. ～箱

ひとはこ	ふたはこ	さんぱこ（さんはこ） みはこ	よんはこ	ごはこ
ろっぱこ	ななはこ	はっぱこ はちはこ	きゅうはこ	じゅっぱこ

24. ～円

表1：1円～99,999円　（まず表の使い方で練習してください）

表1の使い方（点線の上段と下段があることに注意してください）
・上段：「～円」となって終わります
　下段：数字が続くときです

例1) 8円（はちえん⇒一の列、8の行、上段を読んでください）
例2) 998円（きゅうひゃく／きゅうじゅう⇒きゅう⇒後に数字が続きますから、ここまでは下段を読んでください
　　　　　+はちえん⇒下段を読んで終わります）
例3) 5,050円（ごぜん⇒下段　ごじゅうえん⇒上段）
例4) 70,350円（ななまん／さんびゃく⇒　ここまでは下段　ごじゅうえん⇒上段）

	万	千	百	十	一
1	いちまんえん いちまん〜	せん (ぜん) えん せん (ぜん) 〜	ひゃくえん ひゃく〜	じゅうえん じゅう〜	いちえん (いちえん) 〜いちえん
2	にまんえん にまん〜	にせんえん にせん〜	にひゃくえん にひゃく〜	にじゅうえん にじゅう〜	にえん (にえん) 〜にえん
3	さんまんえん さんまん〜	さんぜんえん さんぜん〜	さんびゃくえん さんびゃく〜	さんじゅうえん さんじゅう〜	さんえん (さんえん) 〜さんえん
4	よんまんえん よんまん〜	よんせんえん よんせん〜	よんひゃくえん よんひゃく〜	よんじゅうえん よんじゅう〜	よえん (よんえん) 〜よえん (よんえん)
5	ごまんえん ごまん〜	ごせんえん ごせん〜	ごひゃくえん ごひゃく〜	ごじゅうえん ごじゅう〜	ごえん 〜ごえん
6	ろくまんえん ろくまん〜	ろくせんえん ろくせん〜	ろっぴゃくえん ろっぴゃく〜	ろくじゅうえん ろくじゅう〜	ろくえん 〜ろくえん
7	ななまんえん ななまん〜	ななせんえん ななせん〜	ななひゃくえん ななひゃく〜	ななじゅうえん ななじゅう〜	ななえん 〜ななえん
8	はちまんえん はちまん〜	はっせんえん はっせん〜	はっぴゃくえん はっぴゃく〜	はちじゅうえん はちじゅう〜	はちえん (はちえん) 〜はちえん
9	きゅうまんえん きゅうまん〜	きゅうせんえん きゅうせん〜	きゅうひゃくえん きゅうひゃく〜	きゅうじゅうえん きゅうじゅう〜	きゅうえん 〜きゅうえん

表2：1万円〜9億9,999万円

表2の使い方（上中下と3段あることに注意してください）

- 上段：「〜円」となって終わります
- 中段：万の位が後に続きます
- 下段：千より下の位に続きます（表1に）

- 11, 12…19万円は「〜まんえん」となり例外なので中段に＊で示しました。表下の＊を参照してください（例7）

例1) 1,000,000 円 （ひゃくまんえん⇒上段を読んでください）
例2) 560,000 円 （ごじゅう⇒中段 ろくまんえん⇒上段）
例3) 85,000 円 （はちまんえん⇒下段 ごせんえん⇒表1上段）
例4) 4,250,000 円 （よんひゃく/にじゅう⇒中段 ごまんえん⇒上段）
例5) 13,300,000 円 （いっせん/さんびゃく⇒中段 さんじゅうまんえん⇒上段）
例6) 150,000,000 円 （いちおく⇒中段 ごせんまんえん⇒上段）
例7) 150,000 円 （じゅう⇒中段 ＊ ごまんえん⇒表下＊参照）

	億	千万	百万	十万	万
1	いちおくえん いちおく〜 いちおく〜	いっせんまんえん (いっ)せん〜 (いっ)せんまん〜	ひゃくまんえん ひゃく〜 ひゃくまん〜	じゅうまんえん *じゅう〜 じゅうまん〜	いちまんえん いちまん〜
2	におくえん におく〜 におく〜	にせんまんえん にせん〜 にせんまん〜	にひゃくまんえん にひゃく〜 にひゃくまん〜	にじゅうまんえん にじゅう〜 にじゅうまん〜	にまんえん にまん〜
3	さんおくえん さんおく〜 さんおく〜	さんせんまんえん さんぜん〜 さんぜんまん〜	さんびゃくまんえん さんびゃく〜 さんびゃくまん〜	さんじゅうまんえん さんじゅう〜 さんじゅうまん〜	さんまんえん さんまん〜
4	よんおくえん よんおく〜 よんおく〜	よんせんまんえん よんせん〜 よんせんまん〜	よんひゃくまんえん よんひゃく〜 よんひゃくまん〜	よんじゅうまんえん よんじゅう〜 よんじゅうまん〜	よんまんえん よんまん〜
5	ごおくえん ごおく〜 ごおく〜	ごせんまんえん ごせん〜 ごせんまん〜	ごひゃくまんえん ごひゃく〜 ごひゃくまん〜	ごじゅうまんえん ごじゅう〜 ごじゅうまん〜	ごまんえん ごまん〜
6	ろくおくえん ろくおく〜 ろくおく〜	ろくせんまんえん ろくせん〜 ろくせんまん〜	ろっぴゃくまんえん ろっぴゃく〜 ろっぴゃくまん〜	ろくじゅうまんえん ろくじゅう〜 ろくじゅうまん〜	ろくまんえん ろくまん〜

7	ななおくえん / ななおく〜 / ななおく〜	ななせんまんえん / ななせん〜 / ななせんまん〜	ななひゃくまん〜 / ななひゃく〜 / ななひゃくまん〜	ななじゅうまんえん / ななじゅう〜 / ななじゅうまん〜	ななまんえん / なな〜
8	はちおくえん / はちおく〜 / はちおく〜	はっせんまん〜 / はっせん〜 / はっせんまん〜	はっぴゃくまん〜 / はっぴゃく〜 / はっぴゃくまん〜	はちじゅうまん〜 / はちじゅう〜 / はちじゅうまん〜	はちまんえん / はち〜
9	きゅうおくえん / きゅうおく〜 / きゅうおく〜	きゅうせんまんえん / きゅうせん〜 / きゅうせんまん〜	きゅうひゃくまんえん / きゅうひゃく〜 / きゅうひゃくまん〜	きゅうじゅうまんえん / きゅうじゅう〜 / きゅうじゅうまん〜	きゅうまんえん / きゅう〜

＊「11、12…19万円」は、「じゅういちまんえん、じゅうにまんえん…じゅうきゅうまんえん」となります。

表 3：1 億円〜9 兆 9,999 億円

表 3 の使い方（上中下と 3 段あることに注意してください）
・上段：「〜円」となって終わります
・中段：億の位が後に続きます
・下段：万より下の位に続きます（表 2 か表 1 に）
・11、12…19 億円は「〜おく（えん）」となり例外的なので中段に＊で示しました。表下の＊を参照してください（例 4）
例 1）1,000 億円（いっせんおく（えん） せんおく（えん）⇒上段を読んでください）
例 2）21 億 5 千万円（にじゅう中段 いちおく（⇒下段 ごせんまんえん⇒表 2 上段）
例 3）128 億 9 千万円（ひゃく／にじゅう⇒中段 はちおく⇒下段 きゅうせんまんえん⇒表 2 上段）
例 4）13 億円（じゅう⇒中段 ＊ さんおく（えん）⇒表下＊参照）

	兆	千億	百億	十億	億
1	いっちょうえん いっちょう〜 いっちょう〜	いっせんおくえん (せんおくえん) (いっ)せん〜 せんおく〜	ひゃくおくえん ひゃく〜 ひゃくおく〜	じゅうおくえん ＊じゅう〜 じゅうおく〜	いちおくえん いちおく〜
2	にちょうえん にちょう〜 にちょう〜	にせんおくえん にせん〜 にせんおく〜	にひゃくおくえん にひゃく〜 にひゃくおく〜	にじゅうおくえん にじゅう〜 にじゅうおく〜	におくえん におく〜
3	さんちょうえん さんちょう〜 さんちょう〜	さんぜんおくえん さんぜん〜 さんぜんおく〜	さんびゃくおくえん さんびゃく〜 さんびゃくおく〜	さんじゅうおくえん さんじゅう〜 さんじゅうおく〜	さんおくえん さんおく〜
4	よんちょうえん よんちょう〜 よんちょう〜	よんせんおくえん よんせん〜 よんせんおく〜	よんひゃくおくえん よんひゃく〜 よんひゃくおく〜	よんじゅうおくえん よんじゅう〜 よんじゅうおく〜	よんおくえん よんおく〜
5	ごちょうえん ごちょう〜 ごちょう〜	ごせんおくえん ごせん〜 ごせんおく〜	ごひゃくおくえん ごひゃく〜 ごひゃくおく〜	ごじゅうおくえん ごじゅう〜 ごじゅうおく〜	ごおくえん ごおく〜
6	ろくちょうえん ろくちょう〜 ろくちょう〜	ろくせんおくえん ろくせん〜 ろくせんおく〜	ろっぴゃくおくえん ろっぴゃく〜 ろっぴゃくおく〜	ろくじゅうおくえん ろくじゅう〜 ろくじゅうおく〜	ろくおくえん ろくおく〜

オンライン日本語アクセント辞書（OJAD）紹介

　もし、インターネットにつながる環境でしたら、オンライン辞書、OJAD（http://www.gavo.t.u-tokyo.ac.jp/ojad/）を使ってみてください。簡単に活用アクセントを調べることができ、さらに、音声も聞けます。(適宜、インターフェースの修正をしているので、使う時期によっては、下のような画面とは少し違っているかもしれません）

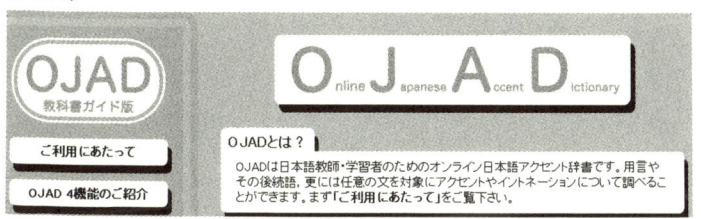

OJAD には、以下のような４つの機能があります。

・単語検索：12 種類の活用形（〜ます、辞書形、て形…）のアクセント型を調べることができる。また、男性、女性の音声を聞くこともできる。

・動詞の後続語検索：上記の活用形の後に続く形（〜なければならないなど、約 400 種類）のアクセント型を調べることができる。

・任意テキスト版：文章を入力すると、その中の動詞、形容詞の 12 種類の活用形を調べることができる。

・韻律読み上げチュータスズキクン：文章を入力すると、アクセントやピッチカーブが表示される。

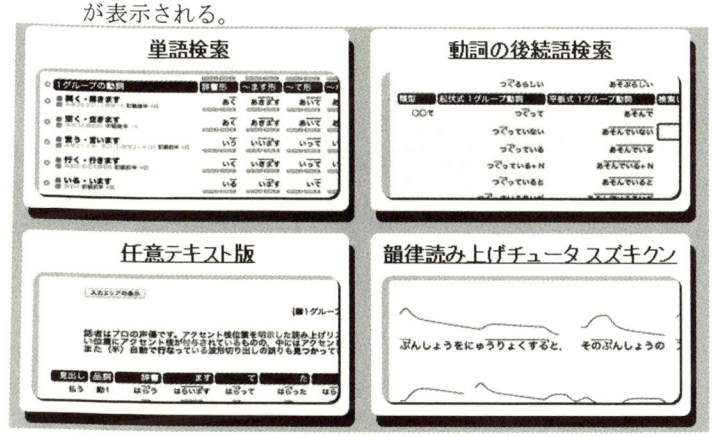

まずは、「使ってみよう OJAD」というページで使ってみて、何ができるか確かめてください。

7	ななちょう〜 / なな「ちょう〜 / なな「ちょう〜	なな「せんおくえん / なな「せん〜 / なな「せん〜	なな「ひゃくおくえん / なな「ひゃく〜 / なな「ひゃく〜	なな「じゅうおくえん / なな「じゅう〜 / なな「じゅう〜	なな「おくえん / なな「おく〜 / なな「おく〜
8	はっちょう〜 / (はっ「ちょう〜) / はっ「ちょう〜	はっ「せんおくえん / はっ「せん〜 / はっ「せん〜	はっ「ぴゃくおくえん / はっ「ぴゃく〜 / はっ「ぴゃく〜	はち「じゅうおくえん / はち「じゅう〜 / はち「じゅう〜	はち「おくえん / はち「おく〜 / はち「おく〜
9	きゅう「ちょう〜 / きゅう「ちょう〜 / きゅう「ちょう〜	きゅう「せんおくえん / きゅう「せん〜 / きゅう「せん〜	きゅう「ひゃくおくえん / きゅう「ひゃく〜 / きゅう「ひゃく〜	きゅう「じゅうおくえん / きゅう「じゅう〜 / きゅう「じゅう〜	きゅう「おくえん / きゅう「おく〜 / きゅう「おく〜

＊「11、12…19億円」は、「じゅういちおくえん、じゅうにおくえん…じゅうきゅうおくえん」となります。

補足　「百」について

「百」は3つのタイプがあります。

平板式グループ	起伏式グループ	複合語ルールグループ
例：ひゃくえん	例：ひゃくねん	例：ひゃくじかん
日、円、匹、階、人前、箱など	秒、人、歳、頭、通、番、枚、台、冊、皿、部屋など	時間、週間、か月、年間、点、回など

注：個、分、本、杯、件、軒、口などは促音があるので「ひゃっぷん」と言います。また、匹、箱も「ひゃっぴき」「ひゃっぱこ」という人も多い

【著者紹介】
中川千恵子（なかがわ ちえこ）
早稲田大学、青山学院大学　非常勤講師
主要論文　「「へ」の字型イントネーションに注目したプロソディー指導の試み」『日本語教育』110号 2001

中村則子（なかむら のりこ）
東京外国語大学、早稲田大学　非常勤講師
主要論文　「非母語話者教師と母語話者教師の発音指導―ベトナムにおけるアンケート調査の結果から―」『東京外国語大学留学生日本語教育センター論集』39号 2013

許舜貞（ほ すんじょん）
現代観光ガイド学院（釜山）講師
主要論文　「韓国語を母語とする上級日本語学習者によるザ行音の習得」『日本語教育と音声』くろしお出版 2008

さらに進んだスピーチ・プレゼンのための日本語発音練習帳

発行	2009年4月30日　初版1刷
	2018年3月20日　　　3刷
定価	1800円＋税
著者	© 中川千恵子・中村則子・許舜貞
発行者	松本 功
装丁	上田真未
印刷製本所	三美印刷株式会社
発行所	株式会社 ひつじ書房
	〒112-0011 東京都文京区千石2-1-2　大和ビル2F
	Tel.03-5319-4916 Fax.03-5319-4917
	郵便振替 00120-8-142852
	toiawase@hituzi.co.jp　http://www.hituzi.co.jp
	ISBN978-4-89476-649-5

造本には充分注意しておりますが、落丁・乱丁などがございましたら、小社かお買上げ書店にておとりかえいたします。ご意見、ご感想など、小社までお寄せ下されば幸いです。

DVD-ROM の使い方

★付属の DVD-ROM は音楽用 CD プレイヤー、DVD プレイヤーでは再生できません。コンピュータ（Windows または Macintosh）を使って再生してください。

★音楽 CD プレイヤーを使いたい方は、Medeia Player や iTunes または、ライティングソフト（B's Recorder Gold、EasyCD Creator、Roxio Creator など）を使って、オーディオ CD を作成してください。作成方法はソフトによって違います。

なお、CD プレイヤーの再生トラック数に制限があるため、全ファイルを 1 枚の CD に入れることはできません。付属の **DVD** では、CD1 と CD2 の 2 つフォルダに分かれています。

---

①空の CD-R を 2 枚用意します。

②本書付属の DVD-ROM をコンピュータに入れて開き、ドライブ内にある CD1、CD2 のフォルダをデスクトップ上にコピーします。

③各ソフトのオーディオ CD の作成方法に従い、1 枚目の CD にデスクトップ上にコピーした CD1 のフォルダ内の全ファイルを入れて書き込みます。

④デスクトップ上の CD2 のフォルダ内の全ファイルを 2 枚目の CD に入れて書き込みます。

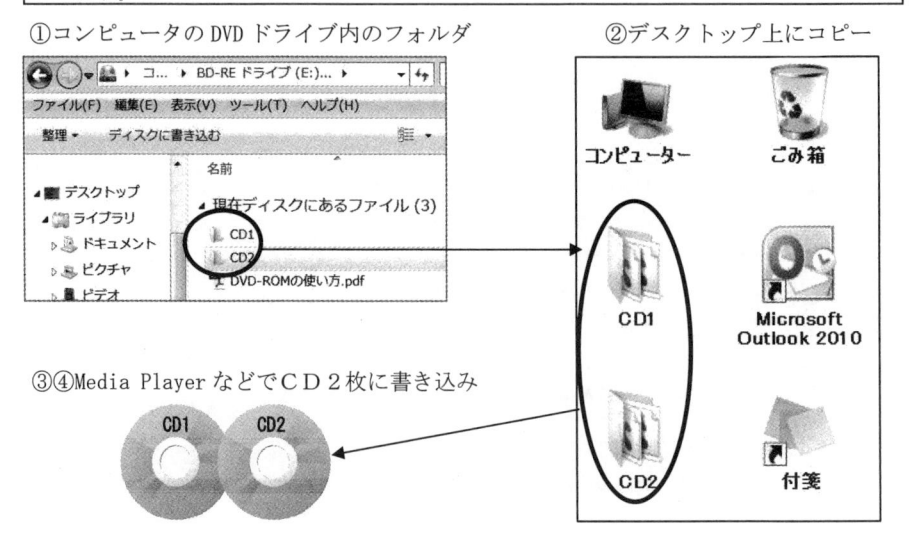

---

①コンピュータの DVD ドライブ内のフォルダ　　　②デスクトップ上にコピー

③④Media Player などでＣＤ 2 枚に書き込み